Stefanie Bisping
Lesereise Australien

Stefanie Bisping

Lesereise Australien

Cocktails mit Kängurus

Picus Verlag Wien

Für Julius

Copyright © 2020 Picus Verlag Ges.m.b.H., Wien
Alle Rechte vorbehalten
Grafische Gestaltung: Dorothea Löcker, Wien
Umschlagabbildung: © iStock / robinbrody
Druck und Verarbeitung:
EuroPB, s.r.o., Tschechische Republik
ISBN 978-3-7117-1100-7

Informationen über das aktuelle Programm
des Picus Verlags und Veranstaltungen unter
www.picus.at

Inhalt

Schlafende Schlangen soll man nicht wecken
*No worries: Von den Freuden und Gefahren des fünften
Kontinents* 9

Der Python kommt zum Abendessen
*Am Cape Tribulation berühren sich zwei
Weltnaturerbe-Stätten* 15

Wunder im Wasser
*Das Great Barrier Reef ist mit sechshundert tropischen
Trauminseln gespickt. Auf einmal können Reisende das
kaum schaffen* 23

Die Welt ist noch zu retten
*Einst wurden auf Heron Island Schildkröten in Dosen gefüllt.
Heute ist die Insel Schutzgebiet und Brutplatz
einer einzigartigen Vogelpopulation* 31

Alle Fische sind schon da
*Im Schlafsack zwischen Sternen und Meer: Wer auf einem
Ponton auf dem Great Barrier Reef übernachtet, ist den
Elementen ganz nahe* 39

Barbecue am Wendekreis des Steinbocks
*Camping im ältesten Teil der Welt: Vier Tage
Zivilisationsentwöhnung im westaustralischen Busch* 46

Im Schatten von Sydney ist es kühl
*Adelaide, die lange unterschätzte Kapitale Südaustraliens,
will sich als Weinhauptstadt des Kontinents positionieren* 57

Unter den Klippen tobt das Südmeer
*Kangaroo Island im Süden Australiens ist Heimat von
Koalas und Kängurus* 65

Picknick mit Wombat und Wallaby
Vom Zauber Tasmaniens: Wandern und Wein probieren in der reinsten Luft der Welt 76

Im Haus Gottes
Hobart ist für Europäer die am weitesten entfernte australische Stadt. Für die mühsame Anreise entschädigt sie mit kulinarischen Genüssen und der schrägsten Kunstsammlung der südlichen Hemisphäre 85

Der Weg ins Paradies führt durch ein Höllentor
Sarah Island war die brutalste Sträflingskolonie der englischen Geschichte. Heute zählt die Insel zum Weltnaturerbe 92

Beim Teufel
Bis zur Jahrtausendwende war der Beutelteufel in Tasmanien weit verbreitet. Seit eine Epidemie den Bestand dezimierte, ist er zuverlässig nur noch in Schutzzentren anzutreffen 100

Die Koalaflüsterin
Mit zweiundzwanzig gründete Janine Duffy ein kleines Unternehmen, das ihr erlaubte, ihre ganze Zeit im Busch zu verbringen. Daraus entwickelte sich eine Lebensaufgabe 107

Wenn der Hammerhai schläft
Sonne, Sand und Songlines: Auf dem Ngaro Sea Trail folgen Segler den Spuren der Ureinwohner der Whitsunday Islands .. 113

Die Unendlichkeit von Zeit und Raum
Australiens Herz schlägt in der Mitte: Die Wiege des Kontinents liegt im Outback, wo außer grandioser Natur einige der ältesten Fossilien der Welt zu sehen sind 120

Das Paradies ist auf Sand gebaut
Fraser Island ist die größte Sandinsel der Welt, vereint zugleich die unterschiedlichsten Landschaften – und ist ein Rückzugsort für den australischen Dingo 127

Schlafende Schlangen soll man nicht wecken

No worries: Von den Freuden und Gefahren des fünften Kontinents

Zögernd stand ich auf der hölzernen Plattform in der Krone eines hohen Baumes. Vor mir öffnete sich eine Schlucht. Am gegenüberliegenden Hang sah ich einen anderen Baum. Er lag in weiter Ferne. Ein Schild behauptete zwar, es seien nur dreißig Meter, doch das erschien mir stark untertrieben. Auf diesem Baum sollten meine Füße landen, wenn ich, in einem Gurt an Seilen hängend, über die Schlucht geschwebt war. Zum Glück litt ich höchstens an milder Höhenangst. Die soliden Drahtseile über dem Abgrund, die mich hielten, das Geschirr, in dem man mich befestigt hatte, und der Helm auf meinem Kopf flößten mir zu dritt so viel Vertrauen ein, dass die Höhe schnell zu meinem kleinsten Problem wurde. Denn ich befand mich im tropischen Regenwald des nördlichen Queensland, einer Gegend, deren Reize auch Reptilien schätzen. Genauer gesagt: Schlangen.

Zunächst hatte ich diesen Gedanken an den Rand meines Bewusstseins geschoben. Selbstvergessen träumte ich in die tausend Töne tropischen Grüns, als mich ein verschmitztes Lachen aus meinen Betrachtungen riss. »Manchmal sonnen sich Pythons auf den Plattformen«, berichtete vergnügt einer der Angestellten, die unsere Gruppe fürs Ziplining einschirrten. Jäh brach mir Schweiß aus. Python? Wo? Vergebens versuchte ich mich davon zu überzeugen, dass ja höchstens der Erste der Gruppe eine dösende Schlange aufwecken würde. Es half nicht. Allein die Vorstellung einer Landung vor einem eingerollten Reptil genügte, um mich in Schnappatmung zu versetzen. Dabei war dies nicht meine erste Australienreise. Längst wusste ich, dass die Biester überall lauerten, zur Verteidigung bereit, wann immer sie entschieden, sich angegriffen zu fühlen. Auch war mir bekannt, dass meine Sorgen bei Einheimischen regelmäßig für Heiterkeit sorgten.

Unter Freudengeheul setzten nun die ersten drei Zipliner über die Schlucht. Ihr Lärmen musste jede Schlange mit einem Hauch von Selbstachtung in die Flucht getrieben haben. Schon waren sie unterwegs zum nächsten Baum. Ich atmete durch, stieß mich ab und sauste hinterher. Herrlich war es, durch den Wald zu fliegen. Schon tauchte das Ziel vor mir auf. Das Seil führte bergan und drosselte so mein Tempo. Genug Zeit, um mit den Augen hektisch Äste und die Plattform im Baum abzusuchen. Doch der schien allein zu sein. Nicht einmal ein Vögelchen ließ sich blicken. Unbehelligt und erleichtert landete ich. Einmal mehr war es gut gegangen. Doch wie lange noch?

Diese Frage würde ich mir regelmäßig wieder stellen: bei Nacht im Outback, beim Wandern in Wüste oder Wald – im Grunde wann immer ich das Haus verließ. Gelegentlich auch, wenn ich eines betrat.

Australien zu bereisen, hat seinen Preis. Das war schon so, als englische Staatsbürger ohne langes Verhandeln in die Kolonie *down under* verschifft wurden, wenn sie im Kurzwarengeschäft ein wenig Nähgarn gestohlen hatten. Bis heute sind Reisen zum fünften Kontinent nicht nur für Schlangenphobiker mit mancher Nervenprobe verbunden. Schließlich trachten einem hier noch zahlreiche andere Viecher nach dem Leben. Und auch Schuld und Sühne spielen nach wie vor eine Rolle. Mit dem CO_2-Ausstoß geht es los. So viele Bäume kann man kaum pflanzen, dass sich die Umweltbelastung durch die Anreise ungeschehen machen ließe (was kein Grund ist, es nicht trotzdem zu versuchen). Auch mit der Suche nach der richtigen, also rifffreundlichen und korallenverträglichen Sonnencreme ist es längst nicht getan. Immer wieder stellt sich auch die Frage, ob man womöglich arglos auf Orten herumtritt, die anderen Menschen heilig sind. Auch in Australien beschäftigt man sich zunehmend mit diesem Problem, weshalb etwa das Besteigen des Inselbergs Uluru seit Herbst 2019 nicht mehr erlaubt ist. Tatsächlich ist es kaum weniger eindrucksvoll, zudem deutlich kreislaufschonender, den heiligen Berg der Anangu zu umrunden.

Zu sehen gibt es auch dabei genug, selbst wenn man nicht alle vierhundertfünfzehn Pflanzen- und hundertachtundsiebzig Vogelarten sieht und identifiziert – von den dreiundsiebzig hier heimischen Reptilienarten gar nicht zu reden.

Warum sich angesichts all dieser Bedenken also überhaupt gute zwanzig Stunden klimaschädigend in den Flugzeugsitz zwängen, umgeben von schnarchenden, räsonierenden und luftkranken Mitreisenden? Warum sich am Ende dieser Strapaze mit ihnen sträflingsgleich in einer Reihe aufstellen, während Spürhunde an kurzer Leine an Beinen und Gepäck schnüffeln? Warum sich kurz darauf vom Taxifahrer erzählen lassen, dass er immer nur bis zu den Knien ins Meer gehe aus Angst vor Haien und Quallen – ganz so, als hätte man mit den Reptilien nicht schon Probleme genug? Warum die kommenden Nächte durchwachen, weil an Schlaf zur im Land üblichen Zeit nicht einmal zu denken ist?

Weil irgendwann zumindest der Körper am Ziel angekommen ist, er im Hotel aufs Bett und sein Eigner in einen wohltuenden Schlaf fällt, aus dem er erst um Mitternacht erwacht (dann allerdings für mindestens fünf Stunden). Weil der Geist am nächsten Morgen durch eine Wand von Benommenheit freundliche Gesichter wahrnimmt, deren Inhaber von Sorgen jeder Art abraten: »*No worries*«, schallt es aus allen Ecken. Und weil nun zwar Nächte ohne Schlaf und Tage voller Ängste folgen – aber auch eine Zeit voller Wunder.

Regenwald, Outback, das größte Korallenriff der Welt. Tropische Meere und kalte Gewässer. Beutler aller Arten und Größen sowie zahlreiche andere fantastische Tierwesen, die die ersten Besucher aus Europa annehmen lassen mussten, sie befänden sich unter dem Einfluss psychedelischer Drogen. Stolze achtzig Prozent der australischen Fauna und Flora kommen nur hier vor. Die Natur des Kontinents ist auch überaus spannend, weil man bei ihrer Beobachtung beeindruckender Menschen begegnet, die sich mit großer Energie und Leidenschaft dem Schutz von Fauna und Flora verschrieben haben. Und nicht zuletzt versüßen einige der besten Weine der Welt und eine hoch entwickelte Gastronomie die Stunden bis zur nächsten durchwachten Nacht.

Auch finden sich *down under* wohlgelaunte, hilfs- und gesprächsbereite Menschen, die stets gewillt sind, die Reptiliensorgen Fremder zu zerstreuen. »Ich habe in meinem ganzen Leben noch nicht eine einzige Schlange gesehen«, versicherte mir einmal eine zuverlässig wirkende Bewohnerin Adelaides. Ich war geneigt, ihr zu glauben, zumal sie darauf verwies, dass es in ihrem Heimatstaat Südaustralien ja so viel weniger von diesem Getier gebe als im Nordosten des Landes. Später am selben Abend hörte ich sie eine landestypische Anekdote zum Besten geben. Sie schilderte, wie eine ihrer kleinen Nichten arglos eine Schublade des elterlichen Kleiderschranks öffnete, ein zwischen der Leibwäsche der Mutter schlummerndes Reptil aus seiner wohlverdienten Ruhe riss und vom geistesgegenwärtigen Vater gerade noch weggezogen wurde, bevor das Tier – selbstverständlich in Notwehr – zubeißen konnte. Es klang, als wäre sie zugegen gewesen. Über der Schulter ihres Gesprächspartners trafen sich unsere Blicke. Errötete sie? »Das war in Queensland, ich habe es nicht selbst gesehen«, beteuerte sie hastig.

Ich glaubte, ein Verhaltensmuster zu erkennen. Behaupteten die Einheimischen nicht stets, durch Schlangen drohe dem Menschen keine Gefahr; es sei sogar höchst unwahrscheinlich, auf ein Exemplar zu treffen – um im nächsten Atemzug ihre schönsten Schlangenbegegnungen zum Besten zu geben? Ich nahm mir vor, künftig noch wachsamer zu sein als bisher. Offensichtlich waren diese sympathischen Australier bereit, ihre Wahrheitsliebe zu opfern, wenn das dem Wohlbefinden ihrer Gäste diente.

»*No worries*«, so lautet ihre Devise, einerlei, ob man sich bei ihnen bedankt, sich entschuldigt, weil man ihnen auf die Füße getreten ist, oder sich vor einem imaginären oder realen Reptil fürchtet. Für ihre Unerschrockenheit muss man sie ebenso bewundern wie für ihren guten Willen im Umgang mit typischen Anfängerfehlern Reisender – und für ihre Entschlossenheit, nichts allzu schwer zu nehmen. Selbst wenn mal eine übel gelaunte Schlange den Weg versperrt. Oder aus der Wäsche schaut.

Der Python kommt zum Abendessen

*Am Cape Tribulation berühren sich zwei
Weltnaturerbe-Stätten*

Unterm Treehouse-Restaurant lebt ein fünf Meter langer Python. Selten lässt er sich blicken. Im Winter kommt er gelegentlich hervor, ringelt sich um einen Baumstamm und wärmt sich ein wenig auf. Einsam ist das Tier nicht: »Er hat mehrere weibliche Pythons zur Gesellschaft, aber die sind nur ungefähr drei Meter lang«, erklärt Paul Van Min, Besitzer der Silky Oaks Lodge, vergnügt.

Doch wer im Daintree Forest im Nordosten Australiens angekommen ist, ist meist schon etwas ruhiger geworden angesichts der vielfältigen Schrecken der Fauna dieses Kontinents. Und so glauben wir Paul bereitwillig, dass im Mossman River zu Füßen der Lodge nur Schildkröten und Frösche leben – nicht aber Krokodile, wie er versichert.

Der 1951 in den Niederlanden geborene ehemalige Tennisprofi kam 2009 aus Melbourne her, um das etwas angejahrte Hotel über dem Fluss in eine luxuriöse Öko-Lodge zu verwandeln. »Ich hatte die Wahl, entweder weitere zehn Jahre in Melbourne zu bleiben oder etwas völlig Neues anzufangen«, erzählt Van Min. Also gab er seine Mitarbeit beim Grand-Slam-Turnier Australian

Open sowie einen sehr geschäftigen Lebensstil auf, um zusammen mit seiner Frau Barbara in den entlegenen Nordosten Queenslands zu gehen. Die ökologische Neuausrichtung betrieben sie konsequent. Heute wird in der Lodge gefiltertes Flusswasser als Trinkwasser genutzt, Zimmer und Restaurant werden mit Energiesparbirnen beleuchtet, Abwässer aufbereitet.

Das Weltnaturerbe Wet Tropics macht gerade mal 0,01 Prozent der Fläche Australiens aus, besitzt aber die größte Artenvielfalt des Kontinents. Tausendzweihundert Insektenarten, sechsunddreißig Prozent aller in Australien vorkommenden Säugetierarten, siebzig Prozent der Falter und Schmetterlinge sowie fünfzig Prozent der *down under* heimischen Vogelarten leben hier. Der mit hundertfünfzig Millionen Jahren älteste Regenwald der Welt ist nicht nur eine einzigartige Destination, er bedarf vor allem besonderen Schutzes. Nur logisch ist, dass seine rechtmäßigen Bewohner in der Silky Oaks Lodge nicht verscheucht werden. Auch nicht, wenn sie mehrere Meter lang sind.

Dennoch ist dies ein magischer Ort. Kaum schafft es die Sonne durch das grüne Dach des Waldes. Dass die Lodge auf vierunddreißig Hektar gerodeten Farmlands erbaut wurde, ist nicht mehr zu erkennen. Der Regenwald hat ihre am Abhang auf Stelzen ruhenden Häuser so überwuchert, dass das Areal mit dem unmittelbar angrenzenden Daintree Rainforest verschmilzt.

Am Morgen ist die Luft erfüllt von Vogelstimmen. Schmetterlinge flattern umher. Auf den Balkonen schaukeln Hängematten. Es ist schön, hier den Tag verstreichen zu lassen, bis die Holzböden am Abend im matten Licht erstrahlen und es Zeit ist für einen Drink in der Bar, untermalt von den Geräuschen des Regenwalds. Im Treehouse-Restaurant wird das Dinner aufgetragen. Einzig der französische Küchenchef wurde importiert; alle Zutaten stammen aus der Umgebung. Der Python bleibt unsichtbar.

Die Lage im einzigen Gebiet der Welt, in dem mit dem Great Barrier Reef und dem Regenwald zwei Weltnaturerbestätten aneinandergrenzen, macht schon den Weg hierher zum Ziel. So einzigartig ist diese Landschaft, durch die der Captain Cook Highway an der Küste entlang nach Norden führt, so außergewöhnlich sind Fauna und Flora, dass man willens ist, unbequeme Wahrheiten zu vergessen.

»Wie alles andere in Australien haben auch Kasuare schon Menschen getötet«, weiß Regenwald-*Guide* Glenn. Er meint den fast straußengroßen Vogel mit blauem Hals und großen, scharfen Klauen, der für den Erhalt des Regenwalds besonders wichtig ist, zugleich mit einem geschätzten Restbestand von tausend Exemplaren im Daintree-Rainforest-Nationalpark als höchst gefährdete Art gilt. Aufgabe des Riesenvogels in der Natur ist es, sonnige Plätze zu suchen und dort unter sich zu lassen. Denn die Samen von dreißig verschiedenen Bäumen müssen das Verdauungssystems des Kasuars passieren, um dann auf dem Boden zu keimen. Sind sie nicht mit dieser Aufgabe beschäftigt, bewachen männliche Kasuare Gelege und Jungtiere so eifersüchtig, dass Begegnungen mit ihnen gefährlich sein können.

Nördlich von Port Douglas, einem Kleinstädtchen von angenehmer tropischer Behäbigkeit, das dem vorgelagerten Riff am nächsten liegt, erstrecken sich zwischen Bergen und Meer Zuckerrohrfelder. In sie sollte man keinen Fuß setzen – nicht nur, weil sie nicht hierhergehören und ökologisch fragwürdig sind, sondern weil Schlangen sich in ihnen ausgesprochen wohlfühlen. Zwischen diesen Feldern liegt Mossman.

Das Städtchen besteht im Wesentlichen aus einer Zuckermühle und Schienen, auf denen Rohrzucker transportiert wird. Mehr als die Hälfte der knapp zweitausend Einwohner sind Aborigines. Mit dem Mossman Gorge Centre befindet sich außerhalb der Stadt ein Stück Regenwald, in dem Angehörige der Kuku Yalanji seit 2008 bei Traumzeit-Wanderungen ihren traditionellen Lebensstil begreiflich machen – mittlerweile dreihunderttausend Besuchern im Jahr. Zuvor arbeiteten die meisten von ihnen in Zuckerrohrplantagen rund um Mossman.

»Alles hat seinen Platz und eine Bedeutung«, so umreißt Robbie Yangkanda, genannt Skip, die uralte Kultur seines Volkes und ergänzt: »Der Regenwald hat eine ungeheure Kraft und Energie.«

Die Gäste, die Skip zunächst durch den reinigenden Rauch eines Feuers führt, bevor er mit ihnen in die Schlucht des Flusses Mossman steigt, mögen sich eher fühlen, als raubte ihnen die Hitze alle Kraft. Doch als Skip in den Wald schreit, um die Erlaubnis der Vorfahren für unseren Besuch einzuholen, und dann mit großen Schritten voraneilt, sehen wir ein, dass unsere Kapitulation vor den Temperaturen nur ein Indiz ist für das Ausmaß unserer Schädigung durch das Leben in der Zivilisation.

Skip erzählt, dass hier einstmals ein kämpferischer Stamm von Frauen lebte. Sie duldeten Männer erst in ihrer Gemeinschaft, wenn ein männliches Baby, das sie ihren Gewohnheiten folgend ins Meer geworfen hatten, von Delfinen zurückgebracht wurde. »Das kann tausend Jahre her sein oder zweitausend«, erklärt er. »Wir leben ohne Zeit.« Er zeigt giftige Pflanzen und solche, die heilend wirken; der Regenwald sei Apotheke, Lebensmittelgeschäft und Baumarkt. Skip demonstriert, wie man Hütten baut und aus welchen Pflanzen sich Speere fertigen lassen – sein persönlicher Rekord im Speerwurf liegt bei hunderteinunddreißig Metern, erzählt er nicht ohne Stolz.

In der Schlucht angekommen, dürfen wir Füße oder auch den ganzen Körper ins Wasser tauchen – »Regenbogenwasser«, so Skip, das heilende Kräfte besitzt. »Zu kalt für Krokodile«, beruhigt er, und ohnehin machten die vielen Felsen das Flussbett als Habitat untauglich für diese Tiere. Dafür gebe es hier Süßwasseraale, so groß, dass sie zwanzig oder dreißig Leute satt machten, Flusskrebse und Schildkröten. Skip erzählt von dem babylonischen Sprachengewirr der Regenwaldvölker. Vier große Gruppen gibt es zwischen Port Douglas und Cooktown im Norden; jede spricht bis zu hundertfünfzig verschiedene Dialekte.

Je weiter man nach Norden fährt, desto näher rückt das Great Barrier Reef an die Küste heran. Doch nicht alle Reisenden erleben die Landschaft aus Inseln, Meer und Korallenbänken als Glücksversprechen. James Cook segelte 1770 mit zunehmendem Unmut nach Norden, während er – nicht unähnlich den Alten in den überlieferten Liedern der Aborigines – Inseln und Orte seiner Reise benannte und hoffte, dass die endlose Kette tückischer Riffe irgendwann enden würde. Von seiner wachsenden Verzweiflung zeugen die Namen, die er verteilte: Mount Sorrow, Desperation Point. Schließlich erreichte seine Trübsal ihren Höhepunkt, als er nach Wochen mit der »Endeavour« auf Grund lief – am Cape Tribulation, dem Kap des Kummers.

Heute ist Cape Tribulation die nördlichste Stadt, die ohne allradbetriebenes Fahrzeug zu erreichen ist. 1988 erklärte die UNESCO den Daintree Rainforest zum Weltnaturerbe. Es war ein Sieg des Umweltschutzes in letzter Minute, nachdem das Land zuvor immer schneller erschlossen worden war.

Jenseits des Daintree River ist die Natur noch fast unberührt. Der brückenlose Fluss und vor allem die in ihm heimischen Krokodile sorgten dafür, dass niemand auf die Idee kam, hier Zuckerrohr anzubauen. Auch heute noch, da Urlauber herkommen, um an Seilen angegurtet von einer Baumkrone zur nächsten zu schweben und echte Wildnis zu erleben, ist das Leben hier ein anderes als südlich des Flusses. Strom gibt es nur, wo ihn Generatoren oder Solarzellen erzeugen, Geschäfte und Tankstellen sind rar, das Smartphone taugt zumeist nur als Zeitmesser.

»Es ist eine besondere Art von Menschen, die hier lebt«, weiß Glenn. Viele von ihnen seien auf der Flucht vor irgendetwas, die meisten vor der Polizei. Davon sei man zumindest im mit viertausend Einwohnern vergleichsweise urbanen Port Douglas überzeugt. Die Bewohner der Sprengel Cow Bay und Cape Tribulation lachen darüber. Doch während der Regenzeit, wenn hier alles verriegelt wird, keine Gäste kommen und nicht viel mehr zu tun ist, als das Boot aus dem Wasser zu ziehen und dem Regen zu lauschen, kann die Landschaft tatsächlich eine eigentümliche grüne Tristesse verströmen.

Nur eine Autofähre (oder der Seeweg) führt in das Land jenseits des Flusses. Schilder mahnen, sich vom Ufer fernzuhalten. Die gefürchteten Salzwasserkrokodile kommen bis zu siebzig Kilometer von der Mündung des Flusses ins Meer entfernt vor. Es ist eine der von Australiern gerne bemühten Regeln, von denen man nur hoffen kann, dass auch die Tiere sie kennen und befolgen. In Küstennähe ist ein großzügiger Sicherheitsabstand zum Fluss jedenfalls unbedingt geboten, wie Glenn beweist, als einer seiner Gäste sich beim Warten auf die Fähre dem Ufer nähert und sinnend ins Wasser blickt. Seine von heftigem Winken begleiteten lautstarken Mahnungen lassen erkennen, dass auch die sonst so entspannten Australier nicht an eine grundsätzliche Friedfertigkeit dieser Tiere glauben.

Auf dunkelgrünen Bergrücken sacken Wolken, an der Küste erstrecken sich breite Sandstrände von geradezu unwirklicher Schönheit. Heute kauft die Regierung hier Häuser auf und ersetzt Bananenplantagen durch einheimische Pflanzen. Ziel ist es, den Regenwald wieder zu vergrößern. So hofft man, auch den Kasuar vor dem Aussterben zu bewahren.

Wunder im Wasser

Das Great Barrier Reef ist mit sechshundert tropischen Trauminseln gespickt. Auf einmal können Reisende das kaum schaffen

Der Weg nach Michaelmas Cay hat heute viele Höhen und Tiefen. Zweieinhalb Stunden lang rollt der Katamaran mit dem klangvollen Namen »Passions of Paradise« durch eindrucksvolle Wellen. Immer mehr Passagiere klammern sich an der Reling fest, den Blick auf den Horizont geheftet, in der Hand die Plastikbeutel, die die aus gut gelaunten Studenten bestehende Crew fürsorglich austeilt. Endlich hat das Schlingern ein Ende. Das Boot ankert vor dem nur von Vögeln bewohnten Eiland auf dem äußeren Riff. Die Blässe weicht aus den Gesichtern, per Schlauchboot geht es an den Strand.

Eine Insel ist dies gar nicht, erfahren die Gäste hier, sondern ein *cay*. Das bedeutet: keine Bäume und keine verlässliche Position. Etwa einen Meter pro Jahr bewegt sich Michaelmas auf Cairns an der Küste zu. Bei heftigen Zyklonen macht es auch schon mal einen Satz von zwölf Metern. Wo vor dreißig Jahren noch das Zentrum dieses Fleckchens Erde war, liegt nun sein Ende.

Fünfzigtausend Vögel haben hier ihre Brutplätze und erfüllen die Luft mit lautem Geschrei und scharfem Geruch. Um sie nicht mehr als nötig zu stören, dürfen höchstens drei Boote zugleich ankern und Tagesgäste nur einen kleinen Teil des Strandes betreten. Wer sich hinter das trennende Seil begibt, riskiert eine Strafe von rund achttausend australischen Dollar (rund fünftausend Euro). Doch für den Strand interessieren sich die Gäste ohnehin weniger. Denn drei, vier Meter vom Strand entfernt beginnt die Wunderwelt der Korallen. Der Anblick von strahlend bunten Fischschwärmen und einer davonpaddelnden Wasserschildkröte lohnt selbst die reichlich schwungvolle Anfahrt von Cairns.

Sechshundert tropische Inseln liegen auf dem Great Barrier Reef, dem mit zweitausenddreihundert Kilometern Länge größten Korallenriff der Welt. Tatsächlich besteht das Unterwasserwunder aus tausendneunhundert einzelnen Riffen – manche zählen auch dreitausend. Australien beschert der Rifftourismus jährlich Einnahmen von gut sechs Milliarden australischer Dollar; siebzigtausend Menschen verdienen ihren Lebensunterhalt rund ums Riff. Grund genug, sowohl das Riff zu schützen als auch den Tourismus zu pflegen; eine Gratwanderung, die nicht unkompliziert ist. Zwei Millionen Menschen besuchen das Riff jedes Jahr zum Schnorcheln, Tauchen oder um die Unterwasserwelt durchs Glasbodenboot zu betrachten. Achtzig Prozent von ihnen starten von Cairns oder von Airlie Beach. Der Ansturm bedeutet eine große Belastung für das sensible ökologische Gebilde, seine Konzentration auf die beiden Orte aber auch Erleichterung für das übrige Riff. Bei einer Größe, die etwa siebzig Millionen Fußballfeldern entspricht, sind viele Abschnitte buchstäblich unberührt. Unter besonders strengem Schutz steht das Riff indessen nicht – im Great Barrier Reef Marine Park kann man angeln, schnorcheln, tauchen und Boot fahren. Lediglich einzelne Inseln und Riffe sind als Nationalparks geschützt.

Tatsächlich droht dem Riff durch die Besucher wesentlich weniger Schaden als durch die Erwärmung der Meere, wiewohl das eine vom anderen schwer zu trennen ist angesichts der Tatsache, dass der Klimawandel vom Menschen ausgeht. »Wenn wir das Riff verlieren, verlieren wir wahrscheinlich auch den Planeten«, erklärt Peter Gash in schönster Klarheit. Er bezeichnet sich als *warrior of the reef,* als Riffkrieger. Tatsächlich ist Gash der Besitzer von Lady Elliot Island, einer zweiundvierzig Hektar großen Resortinsel an der Südspitze des Riffs. Er selbst betrachtet sich aber eher als ihr Vormund. »Wir müssen das Riff für die Zukunft erhalten und es der nächsten Generation in besserem Zustand hinterlassen, als wir es vorgefunden haben.« Nach zwei schweren, durch zu hohe Wassertemperaturen verursachten Korallenbleichen in Folge, diversen Zyklonen und der andauernden Gefahr weiterer Wetterlagen mit zu langer und zu großer Wärme mag dies als frommer Wunsch erscheinen. Doch nach den Bleichen von 2016 und 2017 habe es im Jahr darauf keine gegeben, betont Nash und ergänzt: »Das Riff ist erstaunlich widerstandsfähig.«

Man kann es nur hoffen. Allerdings hat die australische Regierung die Aussichten für das Riff 2019 erstmals als »sehr schlecht« bezeichnet. Zu groß ist der Druck auf das Riff durch das vom Menschen veränderte Klima, zu kurz sind die Erholungsphasen geworden. So schnell der Klimawandel voranschreitet, so desaströs die Korallenbleichen der vergangenen Jahre waren, so intensiv wird indes auch nach Möglichkeiten gesucht, das überaus komplexe Ökosystem zu erhalten. Zu den ambitionierteren Ideen gehört, ein hauchdünnes Sonnensegel über dem Riff aufzuspannen, das die Sonneneinstrahlung um dreißig Prozent mäßigen würde – und damit auch die Wassertemperatur senken. Dem stehen Projekte entgegen, über die man nur den Kopf schütteln kann – wie das Vorhaben eines Kohlehafens, der im mittleren Bereich des Riffs gebaut wird, trotz aller Warnungen von Umweltschützern und anderen Menschen, denen materieller Gewinn nicht das allerhöchste Gut der Welt ist. Der Bau wurde beschlossen, nicht zuletzt, da es in dem Abschnitt wenig Tourismus gibt – als wäre der die einzige Autorität, der neben der Kohle zählt.

Dabei ist die Wasserwelt nicht nur als Ökosystem unverzichtbar, sondern auch von außerordentlicher Schönheit. Von Lizard Island im Norden bis zur südlichsten Koralleninsel Lady Elliot

Island ist die Landschaft über dem Meeresspiegel kaum weniger vielfältig als die unter Wasser. Nebenbei bedient sie sämtliche Sehnsüchte wintergeplagter Bewohner der Nordhalbkugel. Manche Inseln verfügen über eine ausgeprägte touristische Infrastruktur wie Dunk Island, eine Regenwaldinsel, die wegen ihrer Nähe zu Cairns an der Nordküste von Queensland ein beliebtes Ziel für Tagesausflüge ist. Einige sind hingegen kaum mehr als maßvoll begrünte Sandbänke.

Wieder andere haben es als Realität gewordene Vision vom tropischen Paradies zu Ruhm gebracht. Die vierundsiebzig im Zentrum des Riffs gelegenen Inseln der Whitsundays sind überwiegend unbewohnt und bilden ein grandioses Segelrevier. Die größte, Whitsunday Island, bündelt mit dem puderweichen, dazu besonders hellen Sand von Whitehaven Beach, mit üppigem Regenwald und artenreichen Riffen alle Vorzüge des tropischen Australiens. Das im Zentrum der Inselgruppe gelegene Hamilton Island besitzt hingegen sogar veritable Hochhäuser von maßvoller Attraktivität. Die Urlaubsinsel schrieb früh im Jahrtausend den angeblich besten Job der Welt aus – nämlich den des Insel-*Rangers* – und erhielt neben fast zehntausend Bewerbungen beispiellose internationale Aufmerksamkeit.

Orpheus Island ist der Name einer Insel und Heimat eines Resorts – eines der wenigen Hotels vor der Küste Queenslands, die innerhalb eines Nationalparks liegen, und umgeben von den Gewässern des Great Barrier Reef Marine Park. Fisch- und Korallenreichtum sind einzigartig – dreihundertvierzig von dreihundertfünfzig bekannten Korallenarten sowie elfhundert der tausendfünfhundert auf dem Riff heimischen Fischarten sind hier vertreten. Eukalyptusbäume und Akazien, aber auch ein wenig Regenwald bedecken die einen Kilometer breite und elf Kilometer lange Insel. Auch eine Forschungsstation der James Cook University ist auf Orpheus heimisch. Eine Handvoll Meeresbiologen beobachtet hier die mit hundertfünfzig Exemplaren größte Kolonie an Riesenmuscheln der südlichen Hemisphäre, die vor der Insel heimisch ist. Außer den Wissenschaftlern sind die maximal achtundzwanzig Gäste und die Angestellten des Resorts die einzigen Menschen auf der Insel.

Schon in den dreißiger Jahren, als der Naturschutzgedanke noch nicht institutionalisiert und Hotelbauten möglich waren, gab es hier einen übersichtlichen, sehr exklusiven Tourismus. Schwarz-Weiß-Fotografien zeugen von diesen frühen Tagen, als Hollywoodstar Vivien Leigh auf Orpheus die Füße ins Wasser hielt. 1960 wurde die Insel Nationalpark, doch das Resort durfte bleiben. So konnten auch Phil Collins, Schauspieler Tommy Lee Jones sowie diverse europäische Fußballspieler hier logieren. Elton John soll sich eines Abends im Überschwang guter Laune im Restaurant des Klaviers bemächtigt haben.

Seine positive Grundstimmung ist nachvollziehbar. So langwierig die Anreise aus Übersee sein mag – hat man erst Kontinente und Ozeane überquert, Australien erreicht, sich nach Townsville vorgearbeitet und das Wasserflugzeug nach Orpheus Island genommen, ist man so abgeschieden, wie es sich nicht nur Prominente bisweilen wünschen. Sogar die gefürchteten Quallen machen einen Bogen um Orpheus, heißt es. Dass die Insel als frei von giftigem Getier gilt, lässt auch furchtsame Gäste entspannt auf ihrer Veranda Platz nehmen und den Wechsel der Gezeiten beobachten.

Das ist nicht überall so. Das nur acht Kilometer vor der Küste gelegene Magnetic Island besitzt neben dreiundzwanzig Buchten und Stränden sowie zweitausend Einwohnern auch viele jener Reptilien, von denen Australier stets behaupten, man würde sie sowieso niemals zu Gesicht bekommen. Ihren englischen Namen erhielt die Insel, die eigentlich Yunbenun heißt, wie so viele Orte auf dem Riff und an der langen Küste von James Cook. Auf Höhe der Insel spielte der Kompass des gebeutelten Seefahrers verrückt, was er sich – fälschlich – mit magnethaltigem Gestein an Land erklärte. Wanderschuhe sind auf der Hälfte der bergigen Insel – die höchste Erhebung ist mit knapp fünfhundert Metern der Mount Cook –, auf der Buschland und Eukalyptushaine als Nationalpark geschützt sind, die bessere Wahl als Flipflops. Hier führt der Forts Walk zu einer der Einzigartigkeiten des Kontinents, die über Wasser zu finden sind: Koalas. Etwa achthundert Tiere leben hier und bilden eine der nördlichsten Koalapopulationen Australiens.

Die Welt ist noch zu retten

Einst wurden auf Heron Island Schildkröten in Dosen gefüllt. Heute ist die Insel Schutzgebiet und Brutplatz einer einzigartigen Vogelpopulation

Am frühen Abend entsteht am Strand Unruhe. Menschen gestikulieren, schütteln Schirme und schreien Silbermöwen an. Wo untertags kaum jemand unterwegs war, weil Sturm und Regen weißen Sand und türkisfarbene Gewässer in eine an die Nordsee erinnernde Sinfonie aus Grautönen verwandelten, starren Urlauber nun abwechselnd in schmale Wasserrinnen, die die Ebbe zurückgelassen hat, und zum Himmel. Gegenstand der Aufregung sind einige Dutzend frisch geschlüpfte Schildkröten. Vermutlich hielten sie den bewölkten Himmel für abendliches Dämmerlicht. Unzeitig früh und dazu bei Niedrigwasser haben sich die Jungtiere auf den Weg ins jetzt noch weit entfernte Meer gemacht. Aus dem Wasser ragende Riffe versperren den Zugang, kein Mondlicht hilft bei der Orientierung. So wird der selbst unter besten Bedingungen schwierige Weg der Meeresschildkröten endgültig zum kalten Buffet für die Silbermöwen. Eine nach der anderen greifen sich die Vögel Schildkröten vom Strand und aus den Pfützen, obwohl Urlauber neben ihnen herlaufen, sie schreiend und Fäuste schüttelnd gegen die Möwen verteidigen. Einige verlieren sie erst auf den letzten Metern an die Biester, als sie das tiefe Wasser fast schon erreicht haben.

Nur eine Handvoll Schildkrötenbabys hat es schließlich ins Meer geschafft, den Rest haben die Vögel verschlungen. Natur muss man aushalten können; das ist eine der zentralen Botschaften, die Heron Island vermittelt. Die dreißigtausend Menschen, die jedes Jahr hierherkommen, sollen so wenig wie möglich ins Ökosystem eingreifen. Viertausend Meeresschildkröten leben rund um Heron Island, im September kommen die Tiere hinzu, die zu Paarung und Eiablage an den Ort zurückkehren, an dem sie selbst geschlüpft sind. Wenn Grüne Meeresschildkröten und Karettschildkröten dann ab Oktober nisten und schlüpfen, ist es nicht immer leicht, sich zurückzuhalten und der Natur ihren Lauf zu lassen.

Achtzig Kilometer vom Festland entfernt liegt Heron Island im südlichen Abschnitt des Great Barrier Reef. Die vor allem aus Vögeln und Schildkröten bestehende Fauna an Land und eine faszinierende Unterwasserwelt – sechzig Prozent der im Great Barrier Reef vorkommenden Fischarten sind rund um Heron heimisch – lassen Nebensächlichkeiten wie den traumhaften Strand glatt vergessen. Je weiter man sich in Australien nach Süden bewegt, desto gemäßigter werden die Temperaturen; das gilt auch fürs Wasser. So waren die Gewässer hier weniger von den schweren Korallenbleichen der vergangenen Südsommer betroffen als die nördlichen Abschnitte des Riffs. Die Gäste erreichen die Insel von Gladstone aus per Wasserflugzeug oder mit dem »Heron Islander« – einem dreißig Meter langen Boot, das eigens für »sanfte Fahrten in rauen Gewässern« konzipiert wurde. So können es die Passagiere an Bord lesen, während der »Islander« aufs offene Meer steuert, wo bald klar wird, warum auf jedem Tisch Stapel von Spuckbeuteln liegen.

Wenn die neuen Gäste mit grünen Gesichtern an Land gehen, erwartet sie eine Geräuschkulisse aus Schreien und Pfiffen. Rund zweihunderttausend Vögel leben im Südsommer auf der dreihundert mal achthundert Meter großen Insel. Hundertzwanzigtausend Weißkopfnoddys und bis zu dreißigtausend Keilschwanz-Sturmtaucher kommen im Oktober zum Brüten nach Heron Island; Weißbauchseeadler, Riffreiher, Götzenlieste und Silbermöwen leben ganzjährig hier. Hinzu kommen Zugvögel aus der nördlichen Hemisphäre. So ist die Insel von Vögeln wie belagert. Auf Bäumen, in der Luft, im Gebüsch und vor den Füßen: Überall flötet, zirpt und kreischt es.

Abends wird die Geräuschkulisse geradezu ohrenbetäubend, wenn die Sturmtaucher nach einem Tag des Fischens auf dem Meer mit einer Art Bruchlandung – ihre Augen eignen sich besser für die Wahrnehmung von Fischen im Wasser als für Landgänge im Dämmerlicht – auf die Insel zurückkehren und geisterhafte Rufe ausstoßen, mit denen sie ihre Paarbindungen bekräftigen.

»Achten Sie darauf, wo Sie hintreten«, warnt Suzanne, eine der Natur-*Guides* des Resorts. »Sturmtaucher bauen ihre Nester auf dem Boden. Es sind bis zu zwei Meter tiefe Löcher, wahre Knöchelbrecher.«

Die ganze Insel steht unter Schutz, nichts darf eingeschleppt, mitgenommen oder verändert werden, mahnt Suzanne, als sie einem Grüppchen von Gästen die insulare Vogelwelt näherbringt. Als Erstes zeigt sie zwei tote Vögel, die neben einem Baumstamm vor dem Restaurant verrotten. Die beiden Weißkopfnoddys bleiben hier liegen, bis sie Teil der Erde sind. Suzanne erläutert die Symbiose, die dafür verantwortlich ist, dass nur ein paar Meter weiter noch ein Noddy lebendig, aber unbeweglich auf dem Boden sitzt. »Dieser Vogel wird bald sterben«, sagt sie. Denn die Pisonia-Bäume, die den Weißkopfnoddy-Brutpaaren Blätter für den Nestbau bieten, töten zugleich viele von ihnen durch ihre mit einer Schleimschicht und Haken bedeckten Samen. Sie verkleben die Federn der Vögel und halten sie auf dem Boden fest, bis sie verhungern. Ihre Kadaver reichern den nährstoffarmen Sandboden an und nutzen somit dem Wald. Und weil der Mensch sich hier in nichts einmischen soll – ein paar Schildkrötenretter schauen schuldbewusst drein –, dürfen weder tote Vögel am Wegrand entfernt noch verklebte Noddys befreit werden.

Menschliche Anteilnahme ist auf Heron ein relativ neues Phänomen. Als 1843 mit Captain Francis Price Blackwood der erste Europäer Heron Island sah, betrachtete er das Eiland mit mäßigem Interesse, ihm ging es darum, schiffbare Kanäle zwischen den Korallenbänken des Great Barrier Reef zu finden, das James Cook 1770 zur Verzweiflung getrieben hatte. Der mitgereiste Geologe Joseph B. Jukes benannte die Insel nach den Reihern, die er in großer Zahl sah. Oder zu sehen glaubte, denn weder er noch Blackwood gingen an Land und identifizierten die Vögel zweifelsfrei als weiße Riffreiher, die im Englischen eher *egrets* heißen als *herons*. Die grotesken Laute der Sturmtaucher hielten auch die Besatzungen anderer Schiffe davon ab, die Insel hinter den Korallenbänken erkunden zu wollen. Gott allein mochte wissen, was für Wesen solche Töne ausstießen.

Wie segensreich diese Zurückhaltung war, zeigte sich 1925, als ein Mister Marsh die Insel betrat. Erfreut über die Schildkröten, die in großer Zahl zur Eiablage an Land kamen, baute er eine Abfüllanlage für Schildkrötensuppe. Zwei Jahre später waren die Tiere so rar geworden, dass sich das Geschäft nicht mehr rentierte. Christian Poulsen, der für Angler Rifftouren organisierte, entschloss sich 1932, die marode Anlage in eines der ersten Resorts auf dem Great Barrier Reef zu verwandeln. Er schleppte das Wrack der »HMCS Protector«, das er in Gladstone erworben hatte, als Wellenbrecher vor die Insel. Noch heute liegt es hier im Wasser. Poulsens Schicksal ist indessen ungewiss. In einer Novembernacht des Jahres 1947 ruderte er von einem vor der Insel liegenden Schiff zurück an Land, kam aber niemals auf Heron an.

Im oberen Stockwerk der Bar zeigen Schwarz-Weiß-Fotos, wie sich Rifftouristen in den fünfziger Jahren die Zeit vertrieben: Eine Urlauberin in Shorts, Bluse und Sonnenhut reitet auf dem Panzer einer Schildkröte, eine andere posiert im Badeanzug auf einem Tier. »Aktivität der Vergangenheit; heute ist diese Praxis verboten«, vermerkt lakonisch ein Schild. Zwar war die Insel bereits seit 1943 Nationalpark, doch in dieser Zeit dachte man nicht viel über die Auswirkungen menschlichen Tuns auf die Natur nach. Ein Kasten voller Muscheln im Informationszentrum war die Ausbeute eines Riffspaziergangs von Janet Clark im Juni 1953. Bei ihrem nächsten Besuch vierzig Jahre später gab sie die Muscheln reumütig zurück.

Heute bedeutet Luxus auf Heron Naturerlebnis. Zum Essen im Shearwater Restaurant, das aussieht wie ein Vogelkäfig, durch dessen Gitter die Vögel außen die speisenden Menschen innen betrachten, macht sich niemand schick. Die schmucklosen Zimmer einerseits und der Informationsimperativ andererseits – im Besucherzentrum, durch Vorträge und geführte Aktivitäten – zeigen die Prioritäten: Natur sehen, verstehen, schützen. So gehen die Gäste schnorcheln und sehen gleich neben dem Bootsanleger Rochen und Riffhaie, Wasserschildkröten und Schwärme bunter Fische. Sie erkunden beim *bird walk* mit

Suzanne die Vogelwelt und erforschen bei Ebbe die Miniaturwunder des Riffs.

Meeresbiologin Nicole McLachlan verteilt Schuhe und Stöcke, die beim *reef walk* über den frei liegenden Meeresboden Halt geben sollen, und führt ihre Gruppe vom Strand in Richtung Riffkante. Immer schwieriger wird es, im erst knöchel-, dann knietiefen Wasser einen Weg um die Korallenbänke zu finden. Nicole bleibt stehen, zeigt diverse Arten von Seegurken, hebt vorsichtig einen kleinen roten und einen großen knallig blauen Seestern auf und deutet auf kleine, dunkel gesprenkelte Epaulettenhaie. Sie sind im flachen Wasser zurückgeblieben und gelangen erst mit der einlaufenden Flut wieder ins offene Meer. Zwischendurch spricht sie von Haien, denen ihre besondere Liebe gilt und über die sie abends im Resort Vorträge hält, und über Plastik: Vierhundertfünfzig Jahre dauere es, bis eine Plastikflasche abgebaut sei, sechshundert, bis eine verlorene Angelschnur verschwunden sei; acht Millionen Tonnen Plastik gelangten jedes Jahr ins Meer. Als ihr Grüppchen wieder Sand unter den Füßen hat, wissen die meisten, dass sie nie wieder eine Plastikflasche kaufen werden.

Zwischen Riffwanderung und Schnorchelausflug passt ein Besuch in der meeresbiologischen Station der University of Queensland. In großen Bottichen wird hier untersucht, wie ein Korallenriff auf die Erhöhung der Meerestemperatur und die Zufuhr von Kohlendioxid reagiert. In einem

Becken misst das Wasser sechsundzwanzig Grad, in einem anderen ein Grad, im dritten zwei Grad mehr. Bleibt das Wasser über längere Zeit wärmer, kommt es zur Korallenbleiche; erhöht sich die Zufuhr von Kohlendioxid, werden die Korallen porös. »Sie brechen dann schneller ab, als sie wachsen«, erklärt Lauren Bailey, die Leiterin der Station. »Wenn sich die Erderwärmung um die zwei Grad erhöht, die beim Pariser Klimaabkommen als Höchstgrenze festgelegt wurden, sind in fünfzig Jahren vermutlich nur noch zehn Prozent des Great Barrier Reef am Leben.«

Dem Paar aus Südengland, der in London lebenden italienischen Künstlerin und den gut gelaunten Australiern ist die Problematik des Klimawandels nicht neu. Doch auf der Insel, die es von der Schildkrötenabfüllanlage zum Schutzgebiet gebracht hat, wirken die Fakten besonders ernüchternd. Aber, so fügt Lauren hinzu: Sinke die Zufuhr von Treibhausgasen im Becken, wüchsen gebleichte Korallen nach – sofern ihre Struktur noch intakt sei. »Ich versuche, die Lage nicht zu negativ zu beschreiben. Sonst denken die Leute, sie könnten nichts ändern. Aber jeder kann etwas ändern, im Alltag und bei der nächsten Wahl.«

Abends laufen die Urlauber im Licht des aufgehenden Vollmonds zur Inselspitze. Scharf trifft sie der Wind von der Seeseite. Doch noch die Dunkelheit birgt auf Heron Island Wunder: Ganz nahe am Ufer liegt eine Gruppe Riffmantas in der Strömung.

Alle Fische sind schon da

Im Schlafsack zwischen Sternen und Meer: Wer auf einem Ponton auf dem Great Barrier Reef übernachtet, ist den Elementen ganz nahe

Am Nachmittag liegt Schweigen über dem Riff. Allen Lärm hat die »Sunlover« mit sich genommen: das Klatschen, mit dem Kinder von der Rutsche ins Wasser tauchen; das Lachen der chinesischen Urlauber, die mit Victory-Zeichen für die Kameras ihrer Smartphones posieren; das Motorengeräusch des Hubschraubers, der von einem zweiten Ponton zu Rundflügen über dem Riff abhebt; die Pfiffe der Bademeister, wenn ein Schwimmer sich hinter das Seil verirrt hat. Auch diese Absperrung verliert nun, da die Tagesbesucher den Ponton verlassen haben, ihre Verbindlichkeit. Bis zum nächsten Vormittag gehört das Riff nur dem kleinen Grüppchen, das auf dem eine Bootsstunde vor Cairns gelegenen zweistöckigen Ponton übernachten wird.

Chris Mcquillen, ein Australier aus dem Bundesstaat Victoria, der sich auch nach über fünftausend Tauchgängen am Moore Riff – und etwa ebenso vielen an anderen Abschnitten des Great Barrier Reef – nicht sattgesehen hat an der Unterwasserwelt, hebt das Seil und entlässt seine drei Schnorchler in die Freiheit. Auch die geführte

Tour an die schönsten Plätze des Riffs ist ein Privileg der Übernachtungsgäste. Chris weiß, wo orange-weiße Clownfische heimisch sind und wo die größten der Riesenmuscheln liegen, um deren bunte Lippen sich allerhand Mythen ranken: etwa dass sie manches Schnorchlers Hand, die zwischen sie griff, unbarmherzig festhielten, bis ihr Besitzer ertrank. Chris hält von Schauergeschichten so wenig wie von Grenzüberschreitungen gegenüber Meeresbewohnern. Lieber freut er sich, die bedrohten Muscheln zu sehen und zu zeigen.

Blau-gelbe Doktor- und türkisfarben und grün leuchtende Papageifische ziehen vorbei. Vor uns taucht ein Napoleon-Lippfisch von der Größe eines Kinderfahrrads auf. Es ist das dominierende männliche Exemplar, das regelmäßig in seinem Revier anzutreffen ist. Chris deutet nach vorne. Eine grüne Meeresschildkröte paddelt durchs Wasser. Ganz nahe lässt sie uns an sich herankommen. Chris erkennt sie an einer Einkerbung in ihrem Panzer, die ein Boot oder ein Hai hinterlassen hat, erzählt er später; das Tier sehe er häufig. So häufig, dass es tatsächlich zutraulich auf ihn zuschwimmt. Zwei weiteren grünen Meeresschildkröten begegnen wir, während wir uns treiben lassen, den Knistergeräuschen des Riffs lauschen und schauen: Fische in allen Farben und Größen, weitere Riesenmuscheln, schließlich eine Schlucht zwischen zwei Korallenbänken, in der es von Fischen wimmelt – eine gewaltige, farbenreiche Parallelwelt. Auf den Bänken liegt aber auch totes Holz – oder etwas, das zumindest so aussieht.

»Das sind tote Korallen«, erklärt Chris später auf dem Ponton ohne Umschweife. Zwar sei dieser Teil des Riffs seiner Auffassung nach sehr widerstandsfähig, weshalb man wenige Schäden sehe. Doch das größte Korallenriff der Erde hatte in den vergangenen Jahren viel auszuhalten. Nach einer extremen Korallenbleiche im Jahr 2016, als die Wassertemperatur durch einen besonders starken El-Niño-Effekt am nördlichen, wenig berührten Abschnitt der Küste wochenlang bei dreißig Grad oder darüber lag, fehlte eine Erholungsphase, bevor sich das Meerwasser 2017 neuerlich stark erwärmte – diesmal auch im mittleren Bereich des Riffs. Sechs, acht, manchmal sogar zwölf Wochen halten Korallen das aus, bevor sie die Zooxanthelle genannte Alge abstoßen, mit der sie in Symbiose leben und die ihnen die Farbe verleiht; dann verblassen und sterben sie.

»In einigen Gebieten habe ich große Veränderungen gesehen, hier weniger«, so Chris. Seit Wochen misst das Wasser sechsundzwanzig bis siebenundzwanzig Grad. »Das ist noch immer etwas warm, aber bei dieser Temperatur ist die Koralle ganz zufrieden.« Es ist nicht nur Berufsoptimismus, der sich durch die Abhängigkeit der Riffmetropole Cairns von der Tourismusindustrie erklärt, deren wichtigstes Kapital die Unterwasserwelt ist. Für jemanden, der wie er den wichtigeren Teil seines Lebens im Meer verbringt, würde das Ende des Riffs auch eine persönliche Katastrophe bedeuten. Aber das habe schon viele klimatische Veränderungen überdauert, betont er, um gleich hinzuzufügen: »Allerdings keine so massive, die in so kurzer Zeit entstand.«

Neben dem globalen Problem der Erderwärmung bereitet die Belastung mit Kohlendioxid den Korallen Probleme; sie macht sie brüchig, was sie wiederum anfällig für Schäden durch Zyklone macht. So kommen mit erhöhten Wassertemperaturen, intensiven Stürmen und der Versauerung des Meeres immer häufiger gleich mehrere vom Menschen verursachte Faktoren zusammen. Wenigstens sind einige der schmutzigsten Minen des weltweit viertgrößten Kohleexporteurs Australien geschlossen worden – gleichwohl nicht aus Sorge um die Umwelt, sondern weil die Nachfrage auf dem Weltmarkt sank. Als zweitwichtigstes Exportgut nach Eisenerz erschwert sie Klimaschützern dennoch ausgerechnet an der an Naturwundern so reichen Küste Queenslands die Argumentation.

Im Hier und Jetzt ist es leicht, solche unangenehmen Tatsachen zu verdrängen. Zu berückend ist die Ruhe nach dem Trubel des Tages. Jeweils dreihundert Menschen passen auf die beiden Schiffe der »Sunlover Reef Cruises«, eines macht sich pro Tag auf den Weg zum Ponton. Die größte Besuchergruppe stellen Chinesen. Während der wogenreichen Passage werden die Ausflügler in

Grundsätzlichem unterwiesen. Crew-Mitglieder erklären, in welche Richtung die Flossen am Fuß zeigen sollten und dass das Betreten der Korallenbänke unbedingt verboten ist, nebenbei sammeln sie gefasst Spuckbeutel ein. Die Tagestouren begreifen sie auch als Bildungsmission: Wer die Wunder des Riffs erst gesehen hat, wird sie schützen wollen, glaubt Unterwasserexperte Chris.

Nur ein australisches Paar vor der weiter südlich gelegenen Gold Coast schlägt heute auf der Aussichtsplattform des Pontons sein Nachtlager auf. Eigentlich wollten die beiden schon am Wochenende zuvor auf dem Riff nächtigen, doch das Wetter machte ihnen einen Strich durch die Rechnung. Ist das Meer zu unruhig, wird der *reef sleep* abgesagt. Heute aber liegt das Wasser fast spiegelglatt – ideale Voraussetzungen für einen ruhigen Abend auf dem Great Barrier Reef. Bis zu achtzehn Menschen können auf dem fünfundvierzig Meter langen und zwölf Meter breiten Ponton übernachten; auch exklusiv ist es zu mieten, wovon vor allem Hochzeitspaare und menschenscheue Taucher Gebrauch machen.

Bei einer so geringen Gästezahl wie heute erfordert der *reef sleep* minimalen Personalaufwand. Luke Smith aus Liverpool, seit sieben Jahren am und auf dem Riff heimisch, komplettiert die Besatzung. Er organisiert den Ablauf des Programms vom Ablegen des Bootes mit den Tagesgästen gegen fünfzehn Uhr bis zur Rückkehr der »Sunlover« am folgenden Vormittag. Luke ist

Tauchlehrer und ausgebildeter Sanitäter, weiß aber auch, wie man die *swags* aufschlägt, eine Art Kompromiss zwischen Schlafsack und Einmannzelt, den Australier gerne zum Camping nutzen. Das Dach des *swags* lässt sich zurückklappen und öffnet den Blick zum Himmel. Decke und Kissen machen ihn wohnlich, sein Moskitonetz ist hier draußen überflüssig. Luke verwandelt eine der Umkleidekabinen in eine mobile Toilette, er reicht nach dem Schnorcheln Käse und Obst, baut die *swags* mit Blick zum Sonnenaufgang auf und bindet sie an der Reling fest. Später wirft er den Grill an, öffnet Weinflaschen, grillt Fisch und Steaks – und er redet, am liebsten über Fische.

Kurz vor Sonnenuntergang und gleich nach Sonnenaufgang sei die Unterwasserfauna am besten zu beobachten, erklärt er. Am Abend versteckten sich vor allem kleinere Fische dann vor Haien und anderen Raubfischen in den Korallen. Luke kennt die Ängste seiner Gäste und erklärt, dass es eine Attacke durch einen Tigerhai hier oben sehr lange nicht gegeben habe und diese Tiere ohnehin erst abends jagen. Mit Begeisterung spricht er von den dekorativen Falterfischen: »Dass wir hier so viele sehen, ist ein Zeichen für die Gesundheit des Riffs.«

Achtzig Prozent des nördlichen Riffs seien tot, wurde bisweilen schon gemeldet. Luke glaubt das nicht. »So etwas ärgert mich. Achtzig Prozent wovon? Von welchem Riff, welchem Gebiet, wer hat das alles untersucht?« Aber auch er sieht

Veränderungen. »Früher habe ich gesagt, das passiert jedes Jahr, so wie im Herbst das Laub von den Bäumen fällt. Das heißt schließlich auch nicht, dass die Bäume tot sind. Aber 2016 gab es eine massive Bleiche, und im Jahr darauf gab es eine weitere schwere. Jedes Jahr wird das Wasser früher warm und kühlt später wieder ab. Wenn dieser Trend anhält, haben wir ein Problem.«

Um neun Uhr schaltet Luke den Strom ab. Ein großer goldener Vollmond steht am schwarzen Himmel. Luke erzählt, wie sich frühe Siedler anhand der Sternbilder der südlichen Hemisphäre orientierten. Als die Gespräche verstummen, wird das Meer laut. Vernehmlich schlägt es an die Plattform: ein winziges Stück Blech in einem gewaltigen Ozean. Doch der *swag* wirkt schützend wie ein Kokon, und das zweite Glas Chardonnay macht es leicht, ohne allzu schwere Gedanken über die exponierte Lage einzuschlafen.

Der nächste Morgen beginnt früh – und still. Den summenden Generator stellt Luke erst an, wenn er Kaffee kocht, Eier brät und Müsli und Früchte so liebevoll arrangiert, als wäre das Deck ein Hotel. Wir zwängen uns unterdessen in klammes Neopren und gleiten ins Meer. Die Sonne lässt das Wasser leuchten, und alle Fische sind schon da.

Barbecue am Wendekreis des Steinbocks

Camping im ältesten Teil der Welt: Vier Tage Zivilisationsentwöhnung im westaustralischen Busch

»Schaut, eine Schlange«, sagt Andrew freudig. Unser *guide* steht zwei Meter von dem Tisch entfernt, an dem wir nach dem Barbecue zusammensitzen und unsere Wildnisängste mit australischem Wein hinunterzuspülen suchen. Er deutet auf einen Busch. Vorsichtig nähern wir uns. Andrew leuchtet mit der Taschenlampe auf eine zwei Meter lange Schlange. Das Reptil schleicht unbeeindruckt seiner Wege. »Eine Western Brown Snake«, erläutert Andrew. Betreten schauen wir einander an. Diese Braunschlange ist eine jener vierzehn Schlangenarten Australiens, deren Biss garantiert tödlich ist. Das Tier verschwindet in der Finsternis.

Es ist eine warme Nacht am Wendekreis des Steinbocks. Am Himmel leuchten unzählige Sterne. Es könnte alles so schön sein, würden wir nicht gleich dort drüben unter freiem Himmel schlafen, in Gesellschaft der giftigsten Spinnen und Schlangen der Welt. Nur der Schlafsack trennt Teile von uns von dem Viehzeug. Und der *swag*, der grüne Leinensack, in dem Ameisen leben, den man aber mit einem Reißverschluss zuziehen kann. Das bedeutet immerhin Schutz vor Eindringlingen.

Wir nötigen Andrew, alle Schlafstätten auf Reptilien zu untersuchen. Er findet das sehr amüsant und wirft sich bereitwillig auf jedes Nachtlager. Nichts beißt ihn. Na dann. Schließlich haben wir es so gewollt. Oder? Eigentlich bin ich sicher, dass ursprünglich von »Zelten« die Rede war. Aber was hilft das jetzt? Das Zelt ist definitiv nur ein Sack, oder vielmehr *swag*. Etwas anderes gibt es nicht.

An der Westküste Australiens am Strand herumliegen und im Wechsel Austern und kühlen Chardonnay schlürfen kann schließlich jeder. Zwölftausend Kilometer Küste bieten dafür auf jeden Fall genug Platz. Ein Drittel der Fläche des Kontinents misst der Staat Western Australia, der auf mehrere Klimazonen und glücklicherweise auch auf diverse Weinregionen verweisen kann. Die Region Pilbara – dieser Name bezeichnet in einer der Sprachen der hier heimischen Ureinwohner die Meeräsche – liegt tausenddreihundert Kilometer nördlich von Perth, der Hauptstadt des Staates. Auf ihren fünfhunderttausend Quadratkilometern Fläche leben nur etwa siebenundsechzigtausend Menschen. Die größten Orte sind Karratha und Port Hedland an der Küste sowie Tom Price und Newman im Landesinneren.

Sich im Allradwagen über die Schotterpisten des Karijini-Nationalparks chauffieren zu lassen, wäre sogar völlig unsportlich. Zum Campen im Busch gehört mehr. Das haben wir bereits bei unserer ersten Wanderung zum von Bäumen beschatteten Circular Pool in der Dales Gorge am Nachmittag recht eindrücklich erfahren. Staub! Temperaturen über vierzig Grad! Fliegen! Die begrüßten uns schon am Flughafen in Newman, einer Rollbahn mit Wellblechhütte, vor der langhaarige Männer lungern. Die Herren bilden keinen ganz repräsentativen Querschnitt der fünftausend Einwohner des Städtchens. Aber annähernd. Das knapp tausendzweihundert Kilometer nördlich von Perth gelegene Newman verdankt seine Existenz – wie die Region ihre Entwicklung – vor allem den großen Eisenerzvorkommen in der Umgebung. Das bedeutet viele Firmen, noch mehr Bergleute und Wildnis gleich jenseits der Stadtgrenze.

Und nun die erste Wildbegegnung in Gestalt eines Reptils. »Ihr habt Glück«, behauptet Andrew. »Eine Western Brown sieht man nicht oft.« Trotzdem warnt er uns davor, nachts durch den Busch zu stiefeln. Vier Tage lang werden wir in der Pilbara-Steppe wandern, erst im Karijini- und dann im näher an der Küste gelegenen Millstream-Chichester-Nationalpark: wo Australien Wildnis und Landschaft, vor allem rote Erde und hohe Termitenhügel bedeutet. Am ersten Abend fühlt es sich an, als lägen vier Wochen vor uns.

Ursprünglich wurde die Landschaft im Norden des Karijini-Nationalparks von mehreren

Stämme der Aborigines bewohnt. »Wenn wir keinen Tourismus wollten, würde hier nichts passieren«, hatte Maitland Parker selbstbewusst erklärt, als wir uns nach unserer Ankunft im Park im Besucherzentrum einfanden. Der Aborigine vom Stamm der Banyjima ist Ranger im Karijini-Park, der im Zentrum der Pilbara-Region in einer uralten geologischen Formation liegt. Wichtiger als die Bequemlichkeit der rund fünfundsechzigtausend Besucher im Jahr ist den Kurrama, Banyjima und Yinhawangka, dass ihre heiligen Orte respektiert werden.

Und so gibt es hier wenige Zugeständnisse an die Bedürfnisse Zivilisationsgeschädigter. Eine Öko-Lodge mit Zelten existiert zwar im Nationalpark, doch wir werden sie nicht zu sehen bekommen. Außerhalb dieser Unterkunft bietet der Park lediglich eine grobe Infrastruktur, die im Wesentlichen aus Plumpsklos (gelegentlich) und einer Wasserstelle besteht. Doch ohne sie kämen womöglich weniger der weißen Gäste aus dem Busch zurück, als ihn erkunden. Das bedeutet auch, dass das Besucherzentrum uns die letzte Gelegenheit zum Duschen bietet. Smartphones funktionieren in erster Linie als Kameras und Taschenuhren. Für Notfälle hat Andrew ein Satellitentelefon dabei. »Damit könnt ihr Hilfe rufen, falls ich verrückt werde und im Busch verschwinde«, erklärt er frohgemut.

Ohne weitere Wildbegegnungen verstreicht die kurze Nacht. Um fünf Uhr morgens ist es hell, um halb sechs scheint die Sonne so grell, dass an Schlaf nicht mehr zu denken ist. Nicht mal mit Sonnenbrille. In den Bäumen schreien rosaköpfige Kakadus. Also: aufstehen. Schuhe ausklopfen (Spinnen!) und anziehen. Schlafsack, *swag* und Ameisen zu einem Bündel schnüren. Gemeinsames Zähneputzen über Gestrüpp. Kaffee und Toast. Spülen, abtrocknen, aufräumen, einräumen, Müll verpacken. Camping macht Arbeit wie ein kompletter Haushalt. Sogar ohne Zelt.

Die erste Schlucht des Tages ist gleich hundert Meter tief. Den Anstrengungen des steilen Abstiegs folgt ein angenehmer Schattenspaziergang durch ein Wäldchen und über Felsen, die eben und glatt vor uns liegen wie riesige Tischplatten. Links und rechts türmen sich die Wände der Schlucht auf. Die Felsschichten liegen wie Wogen aus Silber, Grau, Blau, Braun und Rot aufeinander; Eisen, Kupfer und Asbest haben sie gefärbt. Die ältesten entstanden vor zweieinhalb Milliarden Jahren. Wir befinden uns auf dem ältesten Teil der Erde. Über uns wölbt sich unendlich der Himmel. Es ist, als wanderten wir durch ein Stück Ewigkeit.

Siebenhundert Eukalyptusarten gibt es im australischen Busch, sagt Andrew. Vom weißen, knorrigen Snappy Gum, wie die hier dominierende Art heißt, abgesehen, erfordert die Vegetation in diesem Teil des Landes allerdings genaues Hinsehen. Die Buschpflaume besitzt mehr Vitamin C als jede bekannte Pflanze, weiß Andrew.

Das einheimische Zitronengras schmeckt intensiver als anderes und muss beim Kochen sparsam dosiert werden. Die Rinde des Paperbark Trees, der Myrtenheide, besteht aus Schichten, die sich wie dünnes Papier vom Stamm lösen. Die Ureinwohner garten in diesen Blättern einst Mahlzeiten. Auf einem Stein sonnt sich eine Echse. Papageien flattern umher. Es ist ein friedliches Bild.

Der Weg zum See, unserem Ziel, ist indes beschwerlich. Über eine Stunde lang tasten wir uns in sieben, acht Metern Höhe über einem Wasserlauf entlang. Finger klammern sich an heiße Felsvorsprünge, Füße tasten nach Trittfläche. Ein falscher Schritt wäre schlecht, ein Griff in den Schattenplatz einer Schlange gewiss auch. Andrew reicht Hände und plaudert. Er erzählt, wie er als Ingenieur in Karratha eine Menge Geld verdiente. Wie ihm klar wurde, dass er nie Spaß hatte. Und wie er dachte, dass er sein Leben ändern müsste. Seither fährt und führt er Wanderer durch die Landschaft, die er liebt. Nun hat er kein Geld mehr, aber er ist glücklich. »Das Leben ist kurz«, sagt er.

Das glauben wir sofort. Wir schwitzen uns die Felswände entlang und erreichen nach einer letzten Kletterpartie durch die nur noch handtuchschmale Schlucht unser Ziel: den Handrail Pool. Im türkisfarbenen Wasser planscht ein Paar und warnt vor einer Schlange, die zu unseren Füßen schwimmt. Es ist eine King Brown Snake. Bereits als frisch geschlüpftes Reptil hat sie genug Gift, um zwanzig Menschen zu töten, erwähnt Andrew. Vielleicht schwimme ich besser erst morgen wieder, überlege ich. Diese ewige Wascherei wird ja doch überbewertet.

Der dritte Tag. Überall ist roter Staub: in der Tasche, in den Borsten der Zahnbürste, im Haar, im Bauchnabel. Im Schlafsack sowieso. Andrew, der Gute, brät uns Spiegeleier zum Frühstück. Er ist so ein liebenswerter, gutherziger Mann. Und auch die Mitreisenden sind ungewöhnlich freundliche, witzige – ja, schlicht bezaubernde Menschen. Glücklich lächeln wir einander an. Ist das schon der Buschkoller oder nur eine milde Form des Stockholm-Syndroms? Womöglich sind es die gemeinsam durchgestandenen Ängste, die uns zusammenschweißen.

Buschkoller oder nicht: Am Morgen ist diese Landschaft von geradezu überirdischer Schönheit. Es liegt nicht allein an der Erleichterung, noch am Leben zu sein. Der Himmel ist zartblau, die Erde tiefrot, die Blätter der Bäume leuchten in den ersten Sonnenstrahlen auf, als würden sie brennen.

Zum Aufwärmen geht es heute in die Hancock Gorge. Zwanzig Millionen Jahre alt ist die Schlucht. Vorsichtig klettern wir die Felsstufen hinab. Fürs letzte und steilste Stück hat ein umsichtiger Mensch eine Leiter an den Fels gehängt. Um neun Uhr morgens steht die Hitze bereits wie eine Wand in der Hancock Gorge. Am Ende verjüngt sich der Canyon zu einer schmalen, tief verschatteten Felsspalte. Wir durchqueren sie im Spinnengang: Links und rechts stemmen wir die Füße gegen den glatten Fels und halten uns mit den Händen fest, wo immer wir Vorsprünge zu fassen bekommen. Unter uns plätschert Wasser. Wirklich erstaunlich, wie weit die Menschen in Western Australia den Begriff des Wanderns fassen. Doch dieser Gedanke verfliegt so schnell in der Hitze wie die meisten anderen, die über den nächsten Felsvorsprung hinausgehen. Konzentration auf den nächsten Schritt ist alles, was zählt.

So erreichen wir Kermits Pool, einen adäquat benannten froschgrünen See. Still liegt er zwischen den Millionen Jahre alten Felsen, als wären wir die ersten Menschen, die ihn sehen. Doch auf seinem Grund sollen Dutzende verlorener Sonnenbrillen liegen – von Menschen, die hier ins Wasser blickten. Im See schwimmt ein Käfer mit Flossen. Rund neunzig Prozent der Tiere, die in Australien leben, kommen nur hier vor, viele Insekten sind wissenschaftlich sogar noch nicht mal einsortiert. Trotz seines Alters ist dies ein junges Land.

Hinter Kermits Pool ergießt sich ein Wasserfall in ein weiteres, sonnenbeschienenes Becken. Um es zu erreichen, müssen wir uns an einer Steilwand entlanghangeln, an der laut Andrew die meisten Unfälle im Park passieren. Poröse Steine und allzu steile Felsen sind indes nicht die größte Gefahr in diesem Teil der Erde – und auch nicht die von uns so gefürchteten Schlangen und Spinnen, wie er mit einem Grinsen versichert. Sondern die Naturgewalten. Plötzliche starke Regenfälle können die Schluchten, durch die jetzt so harmlose schmale Bäche plätschern, in kürzester Zeit in von Wasser durchtoste, tödliche Fallen verwandeln. Liegt der Aufstieg dann weit entfernt, hat man ein ernstes Problem. »Da muss man wirklich aufpassen.« Und immer mal wieder einen Blick gen Himmel werfen. Wir schauen nach oben. Tiefblau und ohne ein Wölkchen liegt er über uns.

Wir verlassen Karijini. Bevor wir unser nächstes Ziel ansteuern, müssen wir an einem Supermarkt anhalten. Eigenartigerweise sind bereits alle unsere Weinflaschen leer – eine Folge der Verdunstung durch die Hitze? Man weiß es nicht. Im nahezu eisig klimatisierten Markt türmen geduschte, frisierte und sauber gekleidete Menschen bunte Verpackungen in ihre Wagen. Gleich werden sie die Einkäufe in ihre gepflegten Eigenheime transportieren. Wir fühlen uns ihnen seltsam fern, wie wir in unseren staubstarren Shorts und Hemden und mit strähnigen Haaren unter zerknautschten Hüten Spuren roten Sands in den Gängen hinterlassen.

Mit beruhigend aufgestockten Vorräten fahren wir weiter in den grüneren, tierreichen Millstream-Chichester-Nationalpark. Rote Riesenkängurus hüpfen umher. Andrew hält an, als eine zwei Meter lange Python die Schotterpiste nicht freigeben will. Begeistert springt er aus dem

Wagen. »Die ist nicht giftig!«, ruft er. Natürlich. Wer so fabelhaft zu würgen versteht, braucht kein Gift, um in der Evolution erfolgreich zu sein. Nach kurzer Bedenkzeit verschwindet die Schlange im Busch, wir können passieren.

Wir übernachten heute am Fortescue River, einem siebenhundert Kilometer langen Fluss und heiligen Ort der Aborigines. Andrew wirft die Motorsäge an und fällt einen Baum. Fürs Lagerfeuer. Hier gibt es weder Holztisch noch Plumpsklo. Die Yinjibarndi, die in dieser Gegend heimisch sind, sind unschlüssig, ob Tourismus wirklich sein muss. Ihre Ahnen streiften schon durch die Pilbara, als in Ägypten noch keine Pyramide stand. An diesem Fluss treffen sich die Stämme seit jeher, um Gesetze zu beschließen. In schwarzer Nacht sitzen wir auf Klappstühlen ums Feuer und essen Känguru- und Rindersteaks, die Andrew liebevoll für uns gegrillt hat. Als er später eine schwarze, haarige Spinne findet und sie über seinen Kopf und Nacken spazieren lässt, vermag uns das kaum noch zu erschüttern.

Schließlich kommt der letzte Tag. Ungeschminkt die einen, unrasiert die anderen, auf jeden Fall aber buscherfahren und sehr ungewaschen schauen wir unter unseren Sonnenhüten hervor. Unser erstes Bad nehmen wir heute im Python Pool. Andrew absolviert unsere Befragung zur Herkunft dieses extrem zweifelhaften Namens mit Pokerface. Hat nichts zu sagen, behauptet er. Der Mann, der den See vor Felspanorama entdeckte, hatte vermutlich zuvor irgendwo eine Python gesehen.

Wir glauben ihm und springen ins wunderbar klare, frische Wasser. Unsere Sorglosigkeit schwindet erst, als Andrew uns später Felszeichnungen der Aborigines zeigt – am Snake Creek, dem Schlangentümpel. Nachdenklich betrachten wir die Reptilienspuren, die sich durch roten Sand ins Wasser schlängeln. Es ist unsere letzte Wildbegegnung, bevor wir Karratha und die Zivilisation erreichen.

Im Schatten von Sydney ist es kühl

Adelaide, die lange unterschätzte Kapitale Südaustraliens, will sich als Weinhauptstadt des Kontinents positionieren

Der gläserne Quader ragt aus dem Weinberg wie ein notgelandetes Raumschiff – oder wie ein überdimensionaler, nicht ganz vollendeter Zauberwürfel. Es bräuchte nur einige beherzte Drehungen, um den d'Arenberg Cube zu einem akkuraten Quadrat zu fügen. Tatsächlich wurde die fast neun Millionen Euro teure Struktur aus Glas, Beton und Stahl von dem berühmten Rubik-Würfel inspiriert. »Mit dem Unterschied, dass bei meinem Würfel Farbe und Rätsel nicht außen, sondern innen sind«, erklärt Chester Osborn. Der langlockige Winzer leitet das 1912 begründete Weingut d'Arenberg in vierter Generation.

2003 kam ihm die Idee zum Cube – über Nacht. »Ich wachte auf und zeichnete den Cube in zwanzig Minuten. Er ist für mich das perfekte Symbol für die Komplexität des Weinmachens.« Dabei wollte er eigentlich nur eine größere Probierstube bauen: Fünfzigtausend Besucher im Jahr brauchten mehr Platz. Vierzehn Jahre dauerte es, bis der Würfel im Weinberg Realität wurde. Erst zögerten Vater und Onkel. Lange. Chester bewies den längeren Atem, überzeugte – und musste das Projekt 2008 wegen der Finanzkrise doch aufschieben. 2014 aber ging es los, im Dezember 2017 war der Bau fertig.

Das Alternate Realities Museum im Parterre des Zauberwürfels hat nichts mit alternativen Fakten zu tun. Es ist vielmehr dem Zweck gewidmet, die Sinne zu betören – und zu schärfen. Die Wände des Flower-and-Fruit-Raums sind mit künstlichen Blumen und Früchten verkleidet, mehr als zwei Dutzend bauchige Glasflaschen mit durch Fahrradhupen zu bedienenden Zerstäubern ermöglichen Besuchern, die Aromen der Weine zu erschnuppern. Ein Dreihundertsechzig-Grad-Videoraum vermittelt den Eindruck, man befände sich – ohne trennende Mauern – mitten im Weinberg. In einer Kammer erzeugen ungezählte von der Decke hängende Filmstreifen völlige Dunkelheit; jeder Schritt ist ein Tasten, die Augen haben Pause. Die begehbare Installation will den Besucher virtuell ins Innere eines Weinfermentierers transportieren.

Hinter üppig, gleichwohl künstlich begrünten Wänden liegen in der ersten Etage die Örtlichkeiten verborgen. Die Pissoirs sind als bunte Köpfe mit weit offenen Mündern gestaltet, mit den Wandmalereien darüber fügen sie sich zu surrealen Kunstwerken: lachende Fratzen vor einem Panzer, clowneske Köpfe vor einem Gesicht, aus dem als Schopf die Wurzeln eines Baumes sprießen. Frauen können immerhin ihre Hände unter Lüstern waschen. Auch diese Interieurs sind Früchte von Chester Osborns rastlosem Geist.

Das Treppenhaus hat er mit Teilen seiner Kunstsammlung gepflastert. Scheinwerfer tauchen es in rotes, weißes und grünes Licht – die Farben von Trauben und Reben. Angesichts der optischen Reizüberflutung muss der Gast sich zusammenreißen, im Restaurant voller knallig bunter Sessel und Sofas und in der Probierbar »Cellar Door« mit Aussichtsterrasse und Rundblick auf die Rebstöcke auch den Weinen angemessene Aufmerksamkeit zu schenken.

In der Weinregion McLaren Vale rechnet man damit, dass sich der Ansturm auf das ohnehin prominente Weingut d'Arenberg durch den Zauberwürfel auf Dauer verzehnfachen wird – auf eine halbe Million Menschen im Jahr. Der vierzig Kilometer südlich von Adelaide gelegene Cube ist aber mehr als architektonische und önologische Extravaganz. Er ist auch Sinnbild der Ambitionen Südaustraliens und seiner Hauptstadt. Denn lange stand Adelaide im Ruf, langweilig und ein bisschen provinziell zu sein – vor allem im Vergleich mit dem schillernden Sydney oder der Sportmetropole Melbourne. Die Stadt mit 1,3 Millionen Einwohnern will das nicht länger auf sich sitzen lassen.

Sechs Milliarden australische Dollar wurden investiert, um sie attraktiver zu machen: für Besucher und Bewohner, aber auch für Veranstalter von internationalen Events, wie sie in Sydney und Melbourne an der Tagesordnung sind. Das Ufer des Torrens River säumt neben gepflegten

Spazierwegen das schon 2014 erweiterte Sportstadion Adelaide Oval. Gegenüber thront das vier Jahre später runderneuerte Kongresszentrum. Auch das Adelaide Festival Centre wurde einem Facelift unterzogen. 1973 war es als Australiens erster kultureller Mehrzweckbau erbaut worden. Drei Monate vor dem Opernhaus in Sydney eröffnete es und verschwand in der internationalen Wahrnehmung auf der Stelle in dessen Schatten. Es dauert, sich von einem solchen Rückschlag zu erholen. Doch irgendwann gelang es. Die neue Plaza des Festival Centre soll nicht nur der Stadt selbst einen attraktiven Treffpunkt bieten. Als Publikum für die kulturellen Ereignisse der Zukunft hat man nicht weniger als die ganze Welt im Blick.

In der Nachbarschaft sind schmucke Bauten aus kolonialen Tagen aufgereiht: das Parlamentsgebäude, das gewaltige Monument für die Toten der Burenkriege, die Art Gallery of South Australia und das South Australian Museum mit einer eindrucksvollen Dauerausstellung über die Kultur der Ureinwohner. Wie fast überall ist diese ins Museum und ins Reich der Folklore verbannt; die erst so kurze Zeit zurückliegende Ankunft der Europäer – 1836 wurde Südaustralien britische Kolonie – hat alles andere überlagert oder sogar verschlungen. Grünflächen, Denkmäler des Entdeckers Matthew Flinders und des englischen Königs Edward VII, die Statue einer verführerischen, halb nackten Venus und Büsten australischer Frauenrechtlerinnen sind bunt zwischen Monumente und Museen getupft, bis die Gebäude der University of Adelaide erscheinen. Hier flanieren Studenten, am Flussufer sitzen Müßiggänger im Café, und das Leben in der Stadt erscheint sonnig und leicht.

Dass sich im Radius von einer Autostunde zweihundert Weingüter befinden – unter ihnen so bekannte Namen wie Jacob's Creek, Penfolds und eben d'Arenberg –, will man nun auch nicht länger für sich behalten. Die Weinregionen McLaren Vale, Adelaide Hills und Adelaide Plains rahmen die Stadt; auch Barossa und Eden Valley sind nahe. Adelaide selbst ist Standort des National Wine Centres of Australia, in dessen Probierstube immerhin schon hundertzwanzig Weine bereitstehen. Zudem gehört Adelaide zum Netzwerk der zehn »Great Wine Capitals«, die neben innovativen Weinen touristische Erlebnisse bieten wollen, die über bloßes Saufen hinausgehen.

Das Barossa Valley ist eine der bekanntesten der achtzehn Weinregionen des Bundesstaats, der drei Viertel des australischen Exportweins produziert. Hier wird Wein gekeltert, seit sich ein deutscher Siedler in den frühen Tagen in der Kolonie umschaute und sich ans Rhônetal erinnert fühlte. Nur die Fauna war anders. Die eigenartigen Beuteltiere ließen sich nicht als Halluzination infolge zu reichlichen Probierens wegdiskutieren, doch vielleicht half der eine oder andere Humpen Wein, bei Begegnungen mit Schlangen Ruhe zu bewahren. So entstanden im Tal Barossa die dreizehn ältesten kontinuierlich betriebenen Weingüter Australiens.

Die Adelaide Hills, in denen Chardonnay, Pinot noir und Sauvignon blanc gedeihen, schließen unmittelbar an die Hauptstadt an. Der höchste ihrer Hügel ist der siebenhundertsiebenundzwanzig Meter hohe Mount Lofty. Schilder, die in den Hügeln an verheerende Waldbrände erinnern, zeugen von den Herausforderungen, die Leben und Weinbau im trockensten Bundesstaat des trockensten Kontinents mit sich bringen. Buschfeuer gibt es jedes Jahr, nur desaströse erhalten ein Schild: das des Sommers 1953/54, als einem Erdbeben schwere Waldbrände folgten, ebenso die Feuersbrunst vom Aschermittwoch 1983 und die des Südsommers 2013/14.

Auf dem Land des Weinguts Bird in Hand wurde Ende des 19. Jahrhunderts Gold geschürft. Erst später begriff man, dass dieser Erde auch andere Schätze zu entlocken sind. Andrew und Susie Nugent kauften das Weingut 1997 und interpretierten den Konsum fortan als ganzheitliche Erfahrung, die mit Essen, Kunst oder Musik zu verbinden sei. Daher können Besucher hier nicht nur im Restaurant essen, sondern sich auch zwischen Weinfässern im Halbdunkeln eine Tafel eindecken lassen, vor zeitgenössischen Kunstwerken oder untermalt von Konzertklängen speisen.

Fast ist es, als könnte die zugesetzte Raffinesse den Weingenuss selbst zur Kunst erheben.

Womöglich hilft das einer Nation, die sich auch durch ihre Entschiedenheit bei der Vernichtung von Alkohol auszeichnet, das Tempo zu drosseln. Küchenchef Carlos Astudillo bereitet ein Menü, das von den gemischten Vorspeisen über gebratenen Barramundi mit Lauch, Blumenkohl und Ziegenfrischkäse gefolgt von Lamm mit Perlgraupen, Feigen, Rettich, Roter Bete und Shiraz-Sauce bis zum Pfirsich mit Zitronencreme und dem Käse viele Gründe für Weingenuss am hellen Tag gibt.

Die Hahndorf Hill Winery hat sich auf Grünen Veltliner, Zweigelt und Blaufränkisch spezialisiert. Die süffige Spätlese »Green Angel« und der Blaufränkische »Blueblood« werden hier mit Schokolade verkostet, was nicht schlecht zu ihrer fruchtigen Schwere passt. Auch jenseits der Rebsorten ist das europäische Erbe im achtundzwanzig Kilometer südöstlich von Adelaide gelegenen Hahndorf identitätsstiftend. Das Dorf, 1839 von Lutheranern aus Ostpreußen begründet, ist eine der ältesten deutschen Siedlungen in Australien. Erstaunlicherweise soll es auch das meistbesuchte Dorf des Kontinents sein. Doch tatsächlich machen Fachwerkfassaden, Schlachtplatten und Krüge voll Bier für australische Besucher den Reiz Hahndorfs aus, das sich recht unspektakulär und auf den ersten Blick nahezu geschichtsfrei entlang der Hauptstraße erstreckt.

Die Siedlungshistorie rankt sich um hart arbeitende Einwanderer und um Frauen, die sich um

Mitternacht zu Fuß auf den Weg durch den Busch machten, um im Morgengrauen auf dem Markt im jungen Adelaide die Früchte ihrer Arbeit zu verkaufen. Mit kirchlichen Hymnen sangen sie gegen Angst und Finsternis an. Viele Männer verdingten sich unterdessen anderswo und halfen beim Roden von Buschland. Es dauerte nicht lange, und die vierundfünfzig Familien hatten die Wildnis in gepflegte Landschaften mit Weinbergen verwandelt. So will es die Überlieferung. Während des Ersten Weltkriegs hielt man es trotz des ausgeprägten Arbeitsethos der Einwanderer für sinnvoll, ihre Nachfahren zu internieren und das 1839 eröffnete Hotel German Arms unverfänglicher Ambleside Hotel zu nennen. Ausgerechnet 1935 erhielt es den alten Namen zurück. Heute gibt es hier eine exotische Pizza mit Speck, Avocado und Aioli, ein sechshundert Gramm schweres *Überschnitzel* und allerhand gebratene Würste. Die Weinkarte aber wurzelt fest in Südaustralien.

Unter den Klippen tobt das Südmeer

Kangaroo Island im Süden Australiens ist Heimat von Koalas und Kängurus

Als die Sonne sinkt, hüpfen Kängurus auf die Lichtung wie auf eine Bühne. Für ihr Publikum scheinen sie sich nicht sonderlich zu interessieren. Nur wenn die Menschen mit ihren Kameras ihnen zu nahe kommen, schauen die Tiere vom Gras auf. Rücken die Zweibeiner trotz dieses Signals näher, springen die Kängurus davon.

Dass der Mensch anreist, um die Natur aus respektvoller Distanz zu betrachten, ist auf Kangaroo Island eine relativ neue Entwicklung. Als Lucy Edwards die weite Lichtung quasi von Hand rodete, nahm sie die Natur vermutlich als eher feindlich wahr. 1940 war sie mit ihrem frisch angetrauten Mann hergekommen. Nach seinem Tod drei Jahre später blieb sie mit einem kleinen Sohn zurück und bewirtschaftete die Farm Grassdale fortan alleine. Erst 1970 verließ sie ihr karges Cottage ohne fließendes Wasser und zog in eine komfortablere Unterkunft in Kingscote, der Hauptstadt der Insel. Das Farmland schenkte sie dem Kelly Hill Conservation Park. Seither gehört es mitsamt der mühsam freigelegten Schafweide Wallabys und Kängurus – und zur Dämmerstunde auch den Gästen der Southern Ocean Lodge. Sie bewundern die Beuteltiere aus respektvoller Entfernung, trinken dazu Wein von der Insel und essen Kanapees, die auf einem schön gedeckten Campingtisch für sie angerichtet sind.

Bill, Biologe aus Sydney und einer der Natur-*Guides* der Lodge, liefert die Informationen zu dem friedlichen Bild. Er berichtet, dass die Kängurus sich seit der Trennung der Insel vom fünfzehn Kilometer entfernten Festland vor gerade mal zehntausend Jahren zu einer kleineren und dunkleren Subspezies des Westlichen Grauen Riesenkängurus entwickelten. So erwarben sie den angenehm symmetrischen Namen Kangaroo Island Kangaroo. Auch die auf dem Kontinent fast ausgestorbenen Tammar Wallabys sind kleiner als ihre Verwandten vom Festland. Dingos und Füchse kamen nie her, den im 20. Jahrhundert eingeführten Wildkaninchen machten Heath Goannas, große Echsen mit ebensolchem Appetit, den Garaus. Daher genießt die australische Fauna hier bessere Bedingungen als auf dem Festland, wo der Mensch und eingeschleppte Arten ihr zusetzen.

Zu den eigentümlicheren Spezies zählen der Ameisenigel, ein eierlegendes Säugetier, und das 1928 auf die Insel gebrachte Schnabeltier, ein Wesen, das in der Evolution auf halbem Weg zwischen Reptil und Säuger haltgemacht hat. Aber auch die einzige überlebende Population ligurischer Bienen auf der Welt ist ausgerechnet hier zu finden – weil 1884 ein Bienenstock von Queensland nach Kangaroo Island gesandt wurde und sich in der Isolation prächtig entwickelte. Nur zum Thema Schlangen schweigt *guide* Bill diskret. Schließlich rückt er damit heraus, dass es nur zwei Arten auf der Insel gebe, nämlich die hochgiftige schwarze Tigerotter und die seltenere, aber kaum weniger beunruhigende Zwergkupferkopfschlange.

Andere Wunder Kangaroo Islands sind schläfriger Natur. So war die Ansiedelung von Koalas hier äußerst erfolgreich. Achtzehn Exemplare der von Urlaubern so geliebten Beuteltiere wurden 1923 hergebracht, als die Bestände auf dem Festland durch Jagd bedrohlich schrumpften. Heute leben über fünfzigtausend auf Kangaroo Island, wo es viel Eukalyptus gibt – nämlich gleich sechsundzwanzig Arten – aber nur gelegentliche Buschfeuer den Bestand kontrollieren. So groß ist ihre Zahl geworden, dass Koalas von hier nach Queensland und New South Wales gebracht werden, wo sie als gefährdet gelten. Ein etwas dickeres Fell haben sie sich auf Kangaroo Island zugelegt, um sich an die kühleren Winter im Süden des Kontinents anzupassen.

Am nächsten kommen Besucher den Koalas im Schutzgebiet in der Hanson Bay. Auch hier leben die Tiere wild, doch der intensive Eukalyptusduft, der schon auf dem Parkplatz wahrzunehmen ist, deutet darauf hin, warum sich hier besonders viele Exemplare aufhalten. Denn

Koalas verbringen zwar zwanzig Stunden des Tages schlafend, die übrigen vier aber mit dem Verzehr von Eukalyptusblättern. Es lohnt sich also, auf dem »Koala Walk« den Blick nach oben zu richten, um die Tiere bei ihren typischen Beschäftigungen zu sehen – auch wenn das Grau und Weiß ihres Fells sie im silbrigen Laub sehr gut tarnt.

So ist die zu mehr als einem Drittel aus Nationalparks und Schutzgebieten bestehende, mit viertausendvierhundert Quadratkilometern – nach Tasmanien und Melville – drittgrößte Insel Australiens zu einem Naturtresor für den Kontinent geworden. Bis zum Jahr 2030 soll die Insel nun noch katzenfrei werden, damit das Ökosystem so intakt bleibt, wie das nach zweihundert Jahren europäischer Ein- und Übergriffe eben möglich ist.

Dass sich die Natur der einstigen Campinginsel heute in vollendetem Komfort erfahren lässt, verdankt sich der Southern Ocean Lodge. An einem Regentag früh im Jahrtausend stand das in Sydney heimische Hotelierspaar James und Hayley Baillie auf der Steilklippe zwischen den Nationalparks Flinders Chase und Kelly Hill Caves, blickte aufs tobende Meer hinab und beschloss, hier sein zweites Ökoresort zu bauen – nach der Capella Lodge am südlichsten Korallenriff der Welt auf Lord Howe Island. Die Klippe über der Hanson Bay erschien ihnen als ein weiterer ikonischer Standort in Australien ideal, um ihre Vision von ökologisch verträglichem Luxus zu realisieren. Sie basiert auf Regionalität – vom Architekten, hier dem auf Kangaroo Island geborenen Max Pritchard, über die Baustoffe bis hin zu den Produkten aus Küche und Keller –, auf der Erkenntnis, dass Luxus nicht goldene Wasserhähne, sondern unverfälschtes Naturerlebnis bedeutet, und auf dem Prinzip des geringstmöglichen Eingriffs in die Umwelt. Auf Kangaroo Island, wo zuvor rustikale Unterkünfte das Angebot bestimmten, füllten die Baillies mit ihrer teuren, aber minimalinvasiven Lodge eine Lücke. Sie sicherte das Überleben des Projekts trotz der unzeitigen Eröffnung im März des Jahres 2008 – unmittelbar vor der globalen Finanzkrise.

Seitdem haben sie viertausendfünfhundert einheimische Setzlinge gepflanzt, um das ökologische Gleichgewicht zu erhalten. Denn auch die Flora ist einmalig: Auf KI, wie die viertausenddreihundert Insulaner ihre Heimat nennen, gibt es fünfundvierzig Pflanzenarten, die nirgends sonst auf dem Planeten zu finden sind. Die Vegetation hat sich kaum verändert, seit Matthew Flinders 1802 als erster Europäer vor Anker ging. Ihm folgten Wal- und Robbenjäger, bis um 1830 erste Farmer eintrafen. Für die Öko-Lodge musste relativ wenig Gehölz weichen, denn die Anlage nimmt nur ein Prozent des hundertzwei Hektar großen Geländes ein. Ihre einundzwanzig an der Steilküste aufgereihten Suiten, der lang gestreckte Great Room mit Kamin, Sitzecken sowie offener Bar zur Selbstbedienung und das Restaurant ragen kaum aus der dichten Vegetation hervor. Das Dorf, in dem die sechzig Angestellten wohnen, ist ebenso wie die Wassertanks gänzlich unsichtbar im Busch versenkt.

Die Tanks fassen eineinhalb Millionen Liter Wasser; gesammelt werden sie auf fünftausendsiebenhundert Quadratmetern Dachfläche. Zweieinhalb Millionen Liter werden so im Jahr gewonnen. Denn die isolierte Lage eignet sich nicht nur zur Weltflucht, sie macht auch extrem abhängig von Regenwasser. »Gegen Ende der Trockenzeit werde ich sehr nervös«, sagt der in der Schweiz aufgewachsene Engländer John Hird, der das Haus seit dem Jahr 2012 zusammen mit seiner australischen Frau Alison Heath leitet. Kämen dann noch Familien mit duschfreudigen Teenagern, bete er häufig um Regen. Das Wasser ist nicht die einzige Herausforderung. »Die Lodge ist noch immer ein energiehungriges Monstrum«, so Hird. Zwar würden die Wasserpumpen mit Solarenergie betrieben, doch erwärmt werde nur ein Fünftel mit Solarthermie. »Als die Lodge gebaut wurde, war die Solartechnik noch nicht so weit entwickelt wie heute.« Mittelfristig soll der Anteil erhöht und auch die Dieselgeneratoren sollen dann in den Ruhestand geschickt werden.

Ein langer Gang, an dem die Suiten aufgereiht sind, verbindet das Restaurant, den Great Room und den Zugang zur Küste. Er bildet die Achse des Lebens in der Lodge; Restaurant und Bar aber sind ihr natürliches Herzstück. Die Angestellten in hellen Hosen und kragenlosen schwarzen Hemden, die erstaunliche Aussicht auf die Einsamkeit des Ozeans und die eindrucksvolle Größe des Raumes am Ende der Welt fügen sich zu einer Kulisse, die einem James-Bond-Film gut stehen würde. Hier könnte auch ein Schurke in seinem Hauptquartier nach Weltherrschaft streben, würde das Kaminfeuer nicht so wohlig knistern, während Wein in Gläser sprudelt, Austern serviert werden und Kängurus umherhüpfen: auf Bildern, Kissen, Polstern; eines sitzt, aus Resten alter Landwirtschaftsgeräte geformt, überlebensgroß am Fenster.

Bestimmend aber ist das Meer. Die Zimmer sind nach Schiffen benannt, die auch nach dem Bau dreier Leuchttürme zwischen 1852 und 1908 mit tödlicher Regelmäßigkeit in den riffreichen Gewässern vor der Küste zerschellten. »Stella« heißt eine Suite nach dem Schiff, das am 8. Mai 1938 vor dem Cape du Couedic kenterte, eine andere trägt den Namen der glücklosen »Amber Star«, die am 14. Januar 1973 vor Cape Bouguer sank. Die Glasfronten auf der Ozeanseite öffnen den Blick bis zum Horizont. Die Zimmer sind mit minimalistischer Eleganz gestaltet: ihre Farben eine Palette aus Grau-, Creme- und Blautönen, die Materialien naturnah von den Kalksteinböden bis zu den Leinenbezügen der Sofas und dem Mobiliar aus recyceltem Holz. Alles ist so unaufdringlich, dass nichts vom Wesentlichen ablenkt: dem unverstellten Blick auf den südlichen Ozean.

Dabei lohnt es sich, das Meer nicht nur durchs Fenster oder von der Terrasse aus zu betrachten. Rund um die Kalkklippen des mit Stalaktiten behangenen Admirals Arch im Südwesten leben siebentausend Pelzrobben, im Seal Bay Conservation Park zehntausend Exemplare der bedrohten australischen Seelöwen. Während die Menschen früher mit ihnen zu schwimmen versuchten – was sich schon aufgrund der Strömungen nur empfiehlt, wenn man zuvor seine Angelegenheiten geordnet hat – oder sie mit Steinen bewarfen, wird das Habitat der Tiere an der Südküste heute strikt geschützt. Es erlaubt Besuchern aber beschränkte Annäherung an die Seelöwen, die sich aus dem Wasser wälzen, wie Treibholz im Sand liegen oder lautstark nach ihren Jungtieren rufen.

Mittlerweile haben die Wunder von Kangaroo Island ihre eigene Dynamik befördert. Weil die Urlauber längst aus dem ganzen Land und sogar aus Übersee kommen, wird die touristische Erschließung der Insel, die noch in den achtziger Jahren nur Schotterpisten besaß, weiter vorangetrieben. Heute erlauben glatt asphaltierte Landstraßen, sie an einem Tag zumindest oberflächlich zu erkunden. Und auch sonst ist einiges ein wenig schicker geworden.

Jake Ingram, der ehemalige Küchenchef der Southern Ocean Lodge, eröffnete nach eineinhalb Jahren in der Lodge zusammen mit seiner Frau Vanessa die Sunset Winery, ein kleines Restaurant mit Meerblick und hervorragender Küche. Zuvor gab es auf Kangaroo Island zur gesellig-kulinarischen Abendgestaltung hauptsächlich Kneipen – Jake erkannte die Nische und entschied sich, sie zu füllen. »Ich möchte alles einfach halten«, erklärt er. Tatsächlich ist beim Genuss des fabelhaften Sashimis »einfach« nicht das erste Adjektiv, das dem Gast in den Sinn kommt.

Ein Golfplatz ist bereits in Planung, ebenso ein weiteres Luxusresort. Dabei müssen Urlauber schon jetzt wenig entbehren. Seit 1997 wird auf Kangaroo Island Wein angebaut, sechs Weingüter zählt die junge Weinregion mittlerweile. An frischen Meeresfrüchten herrscht kein Mangel, zudem werden hervorragender Käse, Honig und sogar Gin auf der Insel hergestellt. Jon und Sarah Lark, beide ursprünglich aus Sydney, brennen seit 2006 »Kangaroo Island Spirits«. Was als Hobby begann, hat sich zur Produktion von dreizehntausend Flaschen im Jahr entwickelt. Der exotische Zeitvertreib liegt tatsächlich in Jons Familie. Sein Bruder Bill begründete 1992 mit der Whiskybrennerei Lark am Rand von Hobart die erste kommerzielle Destillerie in Tasmanien seit hundertfünfzig Jahren.

Noch immer verkaufen Jon und Sarah ihre mittlerweile mehrfach ausgezeichneten Gins und zwei Liköre aus einem Holzhäuschen auf der Insel; die Brennerei liegt gleich daneben. Erhältlich sind sie aber längst in ganz Australien. »Für uns war die Insel mit ihrer jungen Wein- und Food-Szene der ideale Ort, unsere Vision zu realisieren«, erklärt Jon. Zudem lernten die beiden einander in der äußerst dünn besiedelten Großen Victoria-Wüste kennen, die ihnen die Lust aufs Großstadtleben für immer ausgetrieben hat. Warum also nicht nach Kangaroo Island gehen und dort Gin produzieren?

Es war keine Schnapsidee. Wie erfolgreich ihre Vision tatsächlich sein würde, hätten sie allerdings nicht zu träumen gewagt. »Es ist einfach lächerlich, es ist verrückt!« Ungläubig schüttelt Jon den Kopf. Aus der ganzen Welt kämen Leute und kauften ihren Gin, sagt er und scheint darüber noch immer einigermaßen fassungslos zu sein. Nun arbeiten die Larks daran, ihre hochprozentigen Produkte auch dem Rest der Welt zugänglich zu machen, der hier so schön weit weg ist.

Im Januar 2020 machten Buschbrände vielen Zukunftsplänen auf der Insel ein jähes und furchtbares Ende. Die Feuer, die im Südosten des Kontinents riesige Flächen zerstörten, verbrannten hier hundertfünfzigtausend Hektar Land und verwandelten den Nationalpark Flinders Chase in eine Wüste aus Asche. Ungezählte Tiere kamen um. Weil das Ausmaß der Feuer weit über jedes saisonal übliche Maß hinausging, ist schwer zu sagen, wie schnell die Natur sich erholt. Auch ist nicht abzusehen, ob Arten durch die Brände ausgestorben sind – und wie häufig solche Katastrophen aufgrund des Klimawandels künftig auftreten werden. Dass es auch in den finstersten Stunden Hoffnungsfunken gibt, bewies indessen der Ameisenigel Enchilada, seit jeher ein regelmäßiger und beliebter Gast der Southern Ocean Lodge. Wenige Tage nach der Feuersbrunst stattete das Tier der zerstörten Lodge einen Besuch ab – fast so, als wäre nichts geschehen. Die Freude über das Überleben Enchiladas war groß. Ameisenigel sind an Buschfeuer gut angepasst: Sie können sich zu einer Kugel gerollt in die Erde graben, bis die Flammen über sie hinweggezogen sind. Mit dem Wiederaufbau der Lodge – und der Wiederaufforstung der Insel – wurde begonnen, sobald alle verletzten Tiere versorgt waren.

Picknick mit Wombat und Wallaby

*Vom Zauber Tasmaniens: Wandern und Wein
probieren in der reinsten Luft der Welt*

Mehr tot als lebendig stolpert in Hobart aus dem Flugzeug, wer Tage zuvor in Europa an Bord ging. Zwei Tage zuvor, um genau zu sein. Der eine Tag ging irgendwo unterwegs verloren. In Asien war er noch da. In Melbourne nicht mehr. Es ist rätselhaft, aber in diesem Zustand nicht zu ergründen. Da ist man nun, am Ende der Welt, wo Luft und Regen so sauber sind wie nirgends sonst auf der Erde, die hier in jeder Hinsicht kopfsteht. Die Autos fahren natürlich – wie überall in Australien – links. Hügel voller Schafe erinnern an Cornwall, das bunte Blühen an den Süden Frankreichs, schroffe Berge und tiefblaue Seen an Schottland. Schilder warnen vor kreuzenden Kängurus, und natürlich gibt es auch reichlich Schlangen.

Immerhin: Wenn die innere Uhr stehen geblieben ist, muss man beim Planen von Weinproben keinen Gedanken an Tageszeiten verschwenden. Blicklos schauen wir auf die Rebstöcke des Coal Valley Vineyard vor der Pittwater Bay und probieren Cabernet Merlot und Pinot noir, einer besser als der andere. Weinbau begann auf Tasmanien als Hobby und ist längst eine Industrie, der sich manch komfortables Vermögen verdankt. Die Weingüter besitzen schmucke Probierstuben, in denen zwischen den Weinen Austern und Jakobsmuscheln gereicht werden.

Benebelter noch als zuvor beobachten wir anschließend vor dem Haus, wie sich ein geheimnisvolles Tier in den Boden gräbt. Es ist rund, man sieht nur sehr lange Stacheln. Was hat das zu bedeuten? Wir beschließen, nach einem Mittagsschlaf darüber nachzudenken. Es sind noch fünfzehn Kilometer bis Hobart.

Eine halbe Million Menschen leben im australischen Bundesstaat Tasmanien, zweihundertzwanzigtausend davon in seiner Hauptstadt Hobart. Dort sitzt am Abend Brian Hall in einem Restaurant am Hafen und empfiehlt uns gebratenen Trevalla, einen in tasmanischen Gewässern heimischen Fisch. Draußen schaukeln die Jachten, drinnen erzählt Brian aus seinem Leben.

Er ging mit der entzückenden Mary Donaldson, heute Kronprinzessin von Dänemark und neben dem legendären Schauspieler Errol Flynn Tasmaniens berühmtester Spross, zur Schule. Und zum Schulball. »Wenn es eine verdient hat, Prinzessin zu werden, dann sie«, erklärt er und man merkt: Brian ist noch immer verrückt nach Mary. Den glücklichen Prinzen Frederik hat er schon bei einem frühen Besuch der beiden auf der Insel kennengelernt. »Ein wirklich sympathischer Mensch«, gibt er zu. »Natürlich hätte ich ihm trotzdem gerne eine reingehaut.«

Brian ist studierter Ökologe und im Nebenberuf *Outdoor-Guide*. Er weiß, dass wir nach unserer ersten Weinprobe nicht halluziniert, sondern einen Ameisenigel gesehen haben. Und er wird uns Tasmaniens Natur nahebringen. Auf eine Begegnung mit dem Tasmanischen Teufel, jenem schwarzpelzigen Raubbeutler, der es fertigbringt, innerhalb einer halben Stunde das Äquivalent eines Großteils seines eigenen Körpergewichts zu verschlingen, sollen wir dabei nicht zählen, mahnt Brian. Das sei zuverlässig nur noch im Zoo möglich – und auf Maria Island. Eine ansteckende Krebserkrankung, die sich im Gesicht der Tiere ausbreitet, hat den Bestand des Beutlers dramatisch dezimiert. Gesunde Exemplare hat man auf der südlich von Tasmanien gelegenen Insel angesiedelt, wo der Teufel zuvor nicht heimisch war. So ist dort eine Reservepopulation entstanden, durch die der Fortbestand der gefährdeten Art gesichert werden soll.

Brian beginnt unsere Annäherung an die Wildnis recht urban, nämlich mit dem auf der Halbinsel Tasman gelegenen Port Arthur, das nur durch den schmalen Streifen Eaglehawk Neck mit der Hauptinsel verbunden ist. Heute ist Tasman verwunschenes Land, in das Cottages und Frühlingsblumengärten getupft sind, in dem der Schmetterlingsflieder blau blüht und gepflegte Jachten im Wasser liegen. Doch in der Frühzeit tasmanischer Besiedelung durch die Engländer war Port Arthur ein gefürchtetes Gefängnis.

Die Plastik eines Hundes erinnert an die Bestien, die flüchtende Gefangene zur Strecke brachten. Wer lieber schwamm, musste es mit kaltem Wasser und jeder Menge Haien aufnehmen. Damals bedeutete Tasmanien, die wilde Insel voll undurchdringlichem Regenwald, unheimlichen Ureinwohnern und gefährlichen Schlangen, die Höchststrafe – und Port Arthur deren schlimmste Ausformung. Mit einer freien Überfahrt nach Van-Diemens-Land, wie die Insel in Gründertagen hieß, musste in England schon rechnen, wer als Dienstmädchen ein paar Knöpfe geklaut hatte. Wir schauen von oben in die Waterfall Bay, eine runde Bucht aus fünfzig Meter hohen Klippen. Unter uns segelt träge ein Albatros.

Zurück auf der Hauptinsel statten wir dem Mount Wellington, Hobarts Hausberg, einen Besuch ab. Von hier öffnet sich der Blick auf die ganze Inselwelt des südöstlichen Tasmanien. Wo 1803 die Siedlung Hobart begründet wurde, zog zuvor der größte tasmanische Aboriginestamm umher, den die Neuankömmlinge aus Europa Oyster Bay Tribe nannten. Was Jahrtausende angedauert hatte – Tasmanien wurde vor mehr als fünfunddreißigtausend Jahren besiedelt –, nahm für diesen Stamm nun ein rasches Ende. Dreißig Jahre nach der Begründung Hobarts waren nach einem regelrechten Genozid die verbliebenen rund zweihundert von ursprünglich vier- bis fünftausend Ureinwohnern aufgespürt und auf Flinders Island interniert worden. Das Versprechen der Siedler, sie dort selbstbestimmt und unbehelligt leben zu lassen, erfüllte sich nicht – die Insel war kein Refugium, sondern ein Gefängnis.

Infolge von Infektionen, Depressionen und Alkoholismus lebten 1847 nur noch siebenundvierzig von ihnen. Sie wurden neuerlich umgesiedelt, diesmal nach Oyster Bay bei Hobart, wo sie einstmals heimisch gewesen waren. Zu den letzten Überlebenden ihres Stammes zählten Truganini, die Tochter des Stammesältesten Mangerner, sowie Fanny Cochrane Smith, deren Eltern 1834 nach Flinders Island deportiert worden waren. Auf der Insel wurde sie im Dezember desselben Jahres in eine Welt geboren, in der nichts mehr so war, wie man es jahrtausendelang gekannt hatte.

Die bereits 1812 geborene Truganini hatte ab 1829 George Augustus Robinson auf seinen Reisen durch Tasmanien begleitet. Alle ihre nächsten Angehörigen waren in der gesetzlosen Kolonie ermordet worden. Robinson war vom Gouverneur beauftragt, für die überlebenden Ureinwohner eine Art Reservat zu schaffen. Truganini, die selbst gegen die Europäer gekämpft hatte, sollte bei den Verhandlungen mit ihren Landsleuten für Robinson dolmetschen. Er überredete jene, die noch Widerstand leisteten, ihr Land aufzugeben – im Tausch für die vermeintliche Sicherheit auf Flinders Island. Als Robinson Truganini 1835 aufs australische Festland mitnahm, damit sie ihn dort bei einer ähnlichen Mission unterstützte, tat sie sich jedoch mit Ureinwohnern zusammen, um die Weißen zu bekämpfen. Sieben Jahre später wurde sie gefasst und entkam in Melbourne nur knapp dem Todesurteil. 1876 starb sie in Tasmanien, wo man nicht zögerte, das Skelett der vermeintlich letzten echten Tasmanierin im Museum auszustellen. Erst hundert Jahre nach ihrem Tod erhielt die Kriegerin und Botschafterin ihres Volkes ein würdiges Begräbnis, als Aborigines ihre sterblichen Überreste einäscherten und sie vor der Südküste Tasmaniens verstreuten. Andere Überreste Truganinis, die auf verschlungenen Wegen in ein Museum im englischen Oxford gelangt waren, wurden erst 2002 nach Tasmanien zurückgebracht.

Fanny Cochrane Smith hinterließ der Nachwelt bei ihrem Tod im Jahr 1905 ihrem angelsächsischen Namen zum Trotz – mit zwanzig hatte sie den Engländer William Smith geheiratet – das einzige Tondokument einer indigenen tasmanischen Sprache. Zwei der Lieder, die sie als Kind gelernt hatte, waren mit einem Phonographenzylinder aufgenommen worden, das ferne Echo einer verlorenen Epoche. Die heute lebenden Nachfahren der Ureinwohner Tasmaniens haben unter ihren Ahnen auch Engländer und Angehörige anderer Nationen, pflegen ihr tasmanisches Erbe aber mit Stolz.

Während die Ureinwohner ums Überleben rangen, hatten die Europäer sich längst überall umgeschaut. Schon 1798 bestieg mit George Bass der erste von ihnen den tausendzweihunderteinundsiebzig Meter hohen Mount Wellington. Wolken und starker Regen waren der einzige Lohn seiner Mühen. Charles Darwin bezwang den Berg 1836 beim zweiten Versuch. Im Jahr darauf folgte die erste weiße Frau: Zwei Tage vor Heiligabend stärkte sich Lady Jane Franklin auf dem Gipfel mit einem Picknick aus einer Flasche Claret, gebratenem Geflügel, kalter Zunge und frischem Brot.

Nun gab es kein Halten mehr. Die Europäer kamen und blieben. Auf dem Mount Wellington, auf dessen Gipfel heute eine Straße führt, und auf der Insel. Rund zwanzigtausend Deutsche und Österreicher sollen auf Tasmanien leben: der noch immer ziemlich intakten Natur, des angenehmen gemäßigten Klimas und des selbst für australische Verhältnisse besonders entspannten Lebensstils wegen.

Mehr als die Hälfte der Insel, auf der 1972 mit der United Tasmania Group die erste grüne Partei der Welt gegründet wurde, besteht aus geschützter Landschaft. Zweifellos ist das eine erfreuliche Entwicklung, nachdem die Wälder Tasmaniens im 19. und auch im 20. Jahrhundert nach Belieben abgeholzt wurden; allerdings keine, auf deren Dauerhaftigkeit die Welt sich zwingend verlassen kann. Die »Tasmanische Wildnis« im Westen der Insel steht als UNESCO-Welterbe unter besonderem Schutz; 2014 versuchte der australische Staat dennoch, einen Teil aus dem Gebiet auszugliedern, um dort Holz schlagen zu dürfen. Die Kulturabteilung der Vereinten Nationen lehnte das Ansinnen rundweg ab. Glücklicherweise, denn auch nur Teile der Insel unter *down under* zu roden, wäre nichts anderes als Frevel.

Nach einer Verkostung in der Meadowbank Winery, wo uns nach Gras und Kräutern duftender Sauvignon blanc und nussiger Pinot noir um mindestens einen Tag zurückwerfen, und nach traumhaften Ausblicken auf blaues Meer, das an weiße, menschenleere Traumstrände spült, erreichen wir über den Tasman Highway den Freycinet-Nationalpark an der Ostküste. Er ist eines der ältesten Schutzgebiete Australiens.

Die Freycinet-Halbinsel lässt sich per Kanu und zu Fuß erkunden. Wir beginnen mit einer Wanderung in hellstem Sonnenschein, getarnt unter Sonnenhüten, dunklen Brillen und einer soliden Schicht Sonnencreme. Denn über der nicht allzu fernen Antarktis klafft das Ozonloch. Zwar schrumpft es seit geraumer Zeit – ein Beweis dafür, dass sich Umweltschäden mit den entsprechenden Maßnahmen auch umkehren lassen –, doch bildet es sich noch immer alljährlich im Südwinter. Jetzt, im Oktober, erreicht es in der Regel seine maximale Größe. Brian ermutigt uns, ein bisschen zu lärmen und auf unsere Schritte zu achten. Es ist Brutzeit der Schlangen. Alle auf Tasmanien vorkommenden Arten sind giftig. Halb so wild, meint er: Seit den siebziger Jahren habe es keinen tödlichen Schlangenbiss auf der Insel gegeben.

An bizarren Granitformationen vorbei japsen wir bergan. Bis sich von einem Plateau zwischen Mount Amos und Mount Mayson der Blick auf die Wineglass Bay öffnet: ein makelloses, perfektes Rund aus weißem Strand an türkisfarbenem Meer. Wir folgen einem Pfad zum Picknick in der Bucht. Der Strand sieht schwer nach Südsee aus. Allein, zum Baden ist das Wasser im tasmanischen Frühling zu kalt.

Abends sind unsere Beine schwer, doch wir sind nicht müde. Es muss an der reinen Luft liegen. Wir wollen Tiere beschleichen: bei einer Nachtwanderung auf dem Gelände der Freycinet Lodge. Mit Taschenlampen ausgerüstet geht es durch die Finsternis zur Honeymoon Bay. Kaum haben wir das Foyer verlassen, da starrt uns schon ein Opossum am Wegrand an. Die Überraschung ist beiderseitig. Brian leuchtet in einen Baum, wo ein weiteres mit Jungtier auf dem Rücken sitzt. Im Gebüsch raschelt ein Wombat. Wir stolpern durch den Wald zum Strand. Ein Wallaby, der kleinere Verwandte des Kängurus, hüpft langsam davon. Über uns erstrahlt das Kreuz des Südens.

Im Haus Gottes

Hobart ist für Europäer die am weitesten entfernte australische Stadt. Für die mühsame Anreise entschädigt sie mit kulinarischen Genüssen und der schrägsten Kunstsammlung der südlichen Hemisphäre

Vom Anleger an Hobarts Brooke Street pflügt sich das Schiff »Mona Roma« der Fluss Derwent hinauf. Im Posh Pit, der ersten Klasse der Fähre, die den Hafen Hobarts mit dem Museum für alte und neue Kunst verbindet, werden Kanapees gereicht. Wein fließt in Strömen. Schließlich erscheint das »MONA« auf seiner Klippe wie ein griechischer Tempel. Es ist kein Zufall. Das Heraufbeschwören göttlicher Dimensionen ist ebenso beabsichtigt wie die ständige Verfügbarkeit von Wein. Beides setzt sich im Museum fort.

Wer den Rundgang durch die Sammlung in der untersten Etage siebzehn Meter unter dem Eingang beginnt, kann sich zunächst an der Void Bar mit einem Cocktail für den Kulturgenuss stärken. Angesichts der Themenschwerpunkte Sex und Tod, dargestellt durch so vielfältige Exponate wie ägyptische Mumien, Abdrücke primärer weiblicher Geschlechtsorgane, Arbeiten von Anselm Kiefer oder des maschinellen Verdauungstrakts »Cloaca Professional«, der täglich um elf Uhr gefüttert wird und sich um sechzehn

Uhr entleert, kann das sinnvoll sein. »Die Sammlung ist kontrovers«, so formuliert es vorsichtig Tahlia Cavarretta, die für das Museum arbeitet. Die Bewohner Hobarts betrachten es indessen mit Wohlwollen. »Wir waren von Anfang an begeistert«, erklärt Jim Henry, der als Fahrer und *guide* arbeitet und sich als Hobarter in achter Generation auch eine konservative Meinung leisten könnte. Chris Thomson, dreiunddreißigjähriger Chefbrenner in Hobarts ältester Whisky-Destillerie Lark, umreißt die Emotionen klar und knapp: »Mona? Oh, krank! Ich liebe es!«

Es ist nicht schwer, in dem Museum einen Spiegel seines Schöpfers zu sehen. Der 1961 geborene David Walsh wuchs in bescheidenen Verhältnissen im Vorort Berriedale auf, ganz in der Nähe der Klippe, auf der heute sein Museum thront: ambitioniert, selbstbewusst und dazu geschaffen, sehr nachdrücklich auf sich aufmerksam zu machen. Weil er als Kind sonntags nicht zur Kirche wollte, schickte seine Mutter ihn stattdessen ins Museum. Es war der Beginn einer lebenslangen Leidenschaft. Später studierte er – kurz – Mathematik und Computerwissenschaften, bis er ein System ersann, mit dem sich Spielbanken knacken ließen. Schnell brachte er es zu fabelhaftem Reichtum. Für seine gewaltige private Kunstsammlung baute der Profispieler 2001 ein eigenes Museum auf dem Gelände des Weinguts Moorilla in Berriedale, das er vier Jahre zuvor gekauft hatte. Weil niemand kam, beschloss er zu expandieren. Nach einer fünfundsiebzig Millionen australische Dollar (rund sechsundvierzig Millionen Euro) teuren Umstrukturierung eröffnete er es 2011 neu als Museum of Old and New Art – kurz Mona.

Bis heute ist Walsh mit seinem Museum eng verbunden. 2014 heiratete er hier die amerikanische Künstlerin Kirsha Kaechele. Regelmäßig treffen sich die beiden im Museumsrestaurant The Source mit Freunden zu Mittagessen, die bis in die Nacht dauern – nicht umsonst gehört zum Besitz noch immer ein sehr produktives Weingut. Das Restaurant mit Probierstube erhielt seinen Namen vom Sechs-Meter-Gemälde des Künstlers John Olsen, das im Treppenhaus hängt – an der Decke. Walsh und Kaechele stellen ihre Autos auf Parkplätzen ab, die ohne falsche Bescheidenheit für »God« und »God's Mistress« reserviert sind. Das Heftchen, das Besuchern den Weg zu den Bars und Restaurants des Museums weist, benennt für jede Tränke den »Gottesfaktor« – die Wahrscheinlichkeit, dort Walshs ansichtig zu werden. Und wer sich beim Betrachten der Exponate auf die Unterstützung des Audioguides verlässt, hat bei jedem Werk die Wahl zwischen kunsthistorischer Einordnung und den sehr persönlichen Einlassungen des Museumsgründers und -besitzers.

Walsh genießt – trotz eines Scharmützels mit den australischen Steuerbehörden mit einem Streitwert in zweistelliger Millionenhöhe – hohes Ansehen; sogar einen Orden von der Königin erhielt er für seine Verdienste um die Kultur. Sein Museum aber wird geliebt; auch weil es dem entlegenen Tasmanien touristisches Leben eingehaucht hat. Vierhunderttausend Menschen besuchen die Sammlung jedes Jahr. Viele kommen aus Europa und Amerika, manche eigens, um das Museum zu sehen, das heute in einem Atemzug mit dem Opernhaus in Sydney genannt wird.

Es ist ein guter, aber nicht der einzige Grund, die Anreise in die entlegenste Großstadt Australiens auf sich zu nehmen. Das 1804 als Sträflingskolonie gegründete Hobart ist überschaubar und kompakt. Berufsverkehr dauert hier eine halbe Stunde. Die Lage am Wasser zwischen grünen Hügeln, beschützt vom Hausberg Mount Wellington, ist berückend schön, die Lebensqualität hoch. Stürmische Westwinde zwischen dem vierzigsten und dem fünfzigsten Breitengrad waschen die Luft über Tasmanien zur reinsten der Welt. Das hilft Allergikern und trägt dazu bei, dass Lebensmittel hier wenig belastet sind – so wenig, dass hervorragende Austern im Stadtgebiet gezüchtet werden. Auch die Wege anderer Delikatessen sind kurz: Hummer, Langusten und Fisch gibt es vor der Haustür, Riesling, Pinot, Chardonnay und Gewürztraminer vom (göttlichen) Vorstadtweingut Moorilla, Biokäse und ein viel gerühmter Honig kommen von der südlich der Kapitale gelegenen Insel Bruny. Nur die Wagyu-Rinder der Hammond-Brüder grasen als entlegenste Spezialität fünf Autostunden von den Restaurantküchen Hobarts entfernt im Nordwesten Tasmaniens.

So günstige Arbeitsbedingungen locken auch Küchenchefs vom Festland hierher. Alex Katsman wurde 1984 in Sibirien geboren und zog als Teenager nach Adelaide. Nach Stationen unter anderem bei Antonio Carluccio, beim Koch des Königs von Bahrain sowie als Küchenchef im Stamford Hotel in Adelaide verließ er die Weinmetropole, um im Landscape Restaurant des Henry Jones Art Hotels ständig mit den Erzeugnissen Tasmaniens arbeiten zu können. »Hier habe ich die Möglichkeit, direkte Beziehungen mit Bauern, Produzenten und Lieferanten aufzubauen, wie ich sie für meine Küche brauche. Ich möchte nämlich nicht einfach Essen machen, sondern eine Erfahrung kreieren, an die der Gast sich erinnert und die eng mit Tasmanien verbunden ist«, erklärt er.

Sein Arbeitsplatz ist auch Sinnbild des Wandels Hobarts. Die heruntergekommenen Lagerhallen, in denen heute das Henry Jones Art Hotel angesiedelt ist, machten den Hafen noch zu Beginn des Jahrtausends zu einer Gegend, in die sich Touristen allenfalls verirrten. Die Straße Salamanca Place mit ihren Galerien und Restaurants, noch heute ein Besuchermagnet, bildete damals die Grenze dessen, was zu entdecken sich lohnte.

Doch mit dem Henry Jones zog 2004 das erste Art-Hotel der südlichen Hemisphäre in den

Hafen. Bars und Galerien folgten. Heute kann man in der ehemaligen Fabrik nicht nur essen und schlafen, sondern auch die Stadtgeschichte nachvollziehen. Der Namensgeber Henry Jones, 1862 als Sohn zweier Ex-Sträflinge in Tasmanien geboren, produzierte in dem Bau am Hafen Marmelade. Mit zwölf hatte er als Arbeiter in der Fabrik angefangen, mit siebenundzwanzig war er Anteilseigner, schließlich gehörte ihm die ganze IXL Jam Factory. Bis 1979 wurde Marmelade produziert, wo sich heute fünfhundert tasmanische Kunstwerke, zweiundfünfzig Zimmer und vier Suiten befinden. Ein paar Schritte weiter eröffnete 2017 ein weiteres Hotel in einer historischen Lagerhalle. Das MACq 01 ist als »Storytelling Hotel« – in Anlehnung an die Geschichten der Ureinwohner – der Historie Tasmaniens gewidmet. Jedes der hundertvierzehn Zimmer trägt den Namen einer Persönlichkeit aus der Vergangenheit der Sträflingsinsel – auch die legendäre Truganini hat ein Zimmer erhalten –, anhand von Erinnerungsstücken in Vitrinen, Zeitungsausschnitten und Bildern wird ihre Geschichte erzählt.

Der Hafen ist zu einem Trendviertel geworden, in dem sich ganz wunderbar das Treiben von Jachten, Seglern und kommerziellen Schiffen beobachten lässt. Ein Denkmal erinnert an den auf Maria Island aufgewachsenen Forscher Louis Charles Bernacchi, der als erster Australier in der Antarktis war und als erster Mensch dort dreimal überwinterte. Auch sein Hund Joe ist verewigt, ebenso wie Robben und Pinguine. Tatsächlich ist es nicht ungewöhnlich, im Hafen Zwergpinguine zu sehen – echte.

Der Weg ins Paradies führt durch ein Höllentor

Sarah Island war die brutalste Sträflingskolonie der englischen Geschichte. Heute zählt die Insel zum Weltnaturerbe

Kaum hat die »Spirit of the Wild« die Hell's Gates und das Inselchen mit dem weißen Leuchtturm passiert, gerät sie in heftige Bewegung. Sechzig Schiffswracks liegen hier draußen auf dem Grund, hatte Kapitän Pete Thompson erwähnt, bevor er den knapp vierunddreißig Meter langen Katamaran aus dem Macquarie Harbour in den Südlichen Ozean steuerte. Noch vor wenigen Tagen seien die Wellen fünf Meter hoch gewesen, die Tagestour zum Gordon River sei ausgefallen. Nun müssen sich die Passagiere ordentlich festklammern, während Thompson sein Schiff nach dem kurzen Abstecher ins Meer in seitlichen Wellen dreht und zurück in den Naturhafen steuert.

Die Macquarie-Bucht ist entlegen, wild und auch mit einem Boot nicht leicht zu verlassen. Was heute ihren Reiz ausmacht, qualifizierte sie im frühen 19. Jahrhundert als idealen Unterbringungsort für Verbrecher. In dieser Zeit konnte man zu beiden Seiten der Zufahrt der Hölle teilhaftig werden. Tausendzweihundert Gefangene, die in Sträflingskolonien anderswo unangenehm aufgefallen waren, arbeiteten ab 1822 auf Sarah Island verschärfte Haftstrafen unter grausigen Bedingungen ab. Einsam liegt das Inselchen in der weiten Bucht, die den zweitgrößten natürlichen Hafen Australiens bildet. 1815 navigierte James Kelly als erster Europäer sein Schiff durchs Höllentor. Er benannte die kleine Insel, die jahrtausendelang Langerrareroune hieß, nach der Gattin des Kaufmanns, der seine Reise finanziert hatte.

Für die größeren Schiffe des 20. Jahrhunderts war die Zufahrt zur Bucht zu schmal. Seit die Huon-Kiefer, ein mächtiger, uralter Baum aus der Familie der Steineibengewächse und Botanikern als Lagarostrobos franklinii bekannt, nicht mehr abgeholzt, sondern streng geschützt wird, hat die Gegend in Tasmaniens Wildem Westen ohnehin an Bedeutung verloren – zumindest wirtschaftlich. Heute steht die wenig berührte Landschaft des Macquarie Harbour und des in die Bucht mündenden Gordon River für den Weg des südlichsten australischen Bundesstaats von einem der einsamsten und meistgefürchteten Orte der Welt zum Sinnbild für intakte Natur.

Einundfünfzig Prozent Tasmaniens sind in neunzehn Nationalparks und achthundert Naturreservaten geschützt; der südöstliche Teil der Macquarie-Bucht ist Teil der »Tasmanian Wilderness«, die die UNESCO seit 1982 zum Welterbe zählt. Es ist nicht nur eines der letzten unberührten Gebiete in einer gemäßigten Klimazone, sondern auch das einzige Gebiet auf der Welt, das sieben von zehn Kriterien für die Vergabe dieses Status erfüllt. Regenwald, mehr als dreihundert gefährdete Arten und die haarsträubende Geschichte Sarah Islands machen es zu einem faszinierenden Ziel. Sechzigtausend Menschen erkunden es jedes Jahr vom in der Bucht versteckten Küstenstädtchen Strahan aus – dem regenreichsten Ort Australiens – mit Ausflugs- oder Segelbooten. Die Passagiere der »Spirit of the Wild« stehen in Regenjacken, mit Schals und Mützen an Deck. Auch für Menschen, die des Sonnenscheins wegen nach Australien gereist sind, hält Tasmanien manche Überraschung bereit.

Gemächlich und – dank elektrischer Motoren – auch annähernd geräuschlos gleitet das Schiff von der Bucht in den Gordon River. Dicke Regentropfen formen Ringe im spiegelglatten Wasser, während die Crew Kaffee und Kanapees reicht und Kartoffelsuppe in kleinen Tassen serviert. Dazu rieseln Informationen von der Brücke. Wasservögel gibt es hier nicht, weil der Fluss – bis zu vierzig Meter tief – sehr dunkel ist. Dafür kann, wer Glück und gute Augen hat, Wallabys schwimmen und am Ufer blaue Azurfischer Fische und Insekten fangen sehen.

Unter schweren Wolken erstreckt sich an beiden Seiten des Flusses Regenwald. So dicht ist die Vegetation, dass unmittelbar einleuchtet, warum eine Flucht auf dem Landweg für die auf Sarah Island Inhaftierten womöglich noch schwieriger war als übers Wasser. Ein einziger Anleger ermöglicht den Besuchern von heute einen Landgang. Er führt über einen Steg vorbei an von Moos und Flechten bewachsenen, bis zu dreitausend Jahre alten Bäumen. Auf gefallenen Stämmen wachsen neue Bäume senkrecht in die Höhe. Der Spaziergang in die Vergangenheit der Erde ist voller Wunder. Der gemäßigte Regenwald ist seit Jahrtausenden frei von Feuer. Tasmaniens Ureinwohner bewohnten ihn über fünfunddreißigtausend Jahre, ohne ihm Schäden zuzufügen. Aus dem Blätterdach sind Laute des kleinen Rosenbrust-Schnäppers zu hören. Der Östliche Ringelschwanzbeutler ist nachtaktiv und bleibt unsichtbar, ebenso wie Vertreter der drei Schlangenarten, die hier heimisch sind. So still ist es, dass sich die Ausflügler nur ganz leise unterhalten. Es ist kaum vorstellbar, dass hier ab den fünfziger Jahren des 20. Jahrhunderts jeden Tag die Kettensägen von Holzfällern zu hören waren. Erst als der Lagarostrobos franklinii rar wurde und die UNESCO den Wald zum Welterbe erklärte, endete das Abholzen. Der größte Teil der erreichbaren Exemplare war da allerdings schon verschwunden.

Der nächste Halt ist Sarah Island. Hier erwartet die Passagiere Führerin Ingrid Luker, die auf verschlungenen Wegen nach Tasmanien gelangte. Eigentlich stammt sie aus dem tropischen Osten Australiens und war als PR- und Marketing-Managerin in der Musik- und Filmbranche tätig. Bei Dreharbeiten auf einem Kreuzfahrtschiff in Europa entdeckte sie ihr Talent als *tour guide* – und entwickelte Sehnsucht nach dem Wechsel der Jahreszeiten. 2011 kam sie an die tasmanische Westküste, arbeitete als *guide* bei der historischen Eisenbahn West Coast Wilderness Railway und entdeckte Strahan. »Ich war sofort in den Ort verliebt.« Sie wurde Mitglied der Theatertruppe »The Round Earth Theatre Company«, die auf tasmanische Geschichten spezialisiert ist. Im Küstenstädtchen Strahan führt das Ensemble jeden Tag ein Stück über die Geschichte Sarah Islands auf, erweckt aber auch am Ort der Handlung die Vergangenheit zum Leben. »Bald ließen sie mich auf Sarah Island los«, so Luker. Regelmäßig zeigt sie nun Besuchern die alte Werft, die nur bei Ebbe aus dem Wasser taucht, und die von Farn überwucherten Überreste von Gebäuden aus rotem Backstein. Und sie erzählt die Geschichten der Insel – so lebhaft, dass ihre Zuhörer den durchdringenden Nieselregen bald nicht mehr spüren.

Ein Rundweg führt über die unbewohnte Insel, die so friedlich daliegt, als hätte hier nie ein Arzt Auspeitschungen überwacht, nur um den Tod von Gefangenen gerade noch rechtzeitig zu verhindern. Außer der Begegnung mit der »Macquarie-Katze«, wie die mit Blei verstärkte Peitsche genannt wurde, erwartete die Häftlinge Zwangsarbeit und – bei Verfehlungen wie Fluchtversuchen, Besitz von Fischerhaken oder dem Spielraum für Interpretation bietenden Tatbestand allgemeiner Aufsässigkeit – Einzelhaft. Das bedeutete vierzehn Tage in einer grabgroßen Zelle ohne Fenster. Ansonsten mussten die Gefangenen die am langsamsten wachsenden Bäumen des Planeten fällen, abtransportieren oder gleich hier Schiffe aus ihnen bauen. Ihr Holz ist so feuchtigkeitsresistent, dass es sich dafür besonders eignet.

Elf Jahre lang blieb Sarah Island Strafkolonie. 1828 lebten fünfhunderteinunddreißig Menschen in dem »Vorposten der Hölle«, dreihundertachtzig von ihnen Häftlinge, der Rest Soldaten sowie vierzehn Frauen und siebenundzwanzig Kinder. Achtzig Gefangene fanden auf der nahen Friedhofsinsel Halliday Island ihre letzte Ruhe. Andere wollten darauf nicht warten und flohen. Doch ihren Ruf als blutigste und meistgefürchtete Haftanstalt erwarb die Gefängnisinsel außer durch Auspeitschungen auf einem unschuldigen grünen Hügel eben auch wegen ihrer isolierten Lage. So endeten die meisten Fluchtversuche mit dem Tod im Busch. Noch Jahre später erinnerten Kleiderfetzen im dornigen Gestrüpp an jene, die zu entkommen versucht hatten. Alexander Pierce, der in seiner Heimat wegen des Diebstahls einiger Paar Schuhe verurteilt worden war, erwarb durch gleich zwei Fluchtversuche zweifelhaften Ruhm. Schon beim ersten nahm er andere Häftlinge mit, um notfalls Nahrung zu haben. Als er gefasst wurde, war nur er übrig. Es ist keine Horrorfolklore, weiß Ingrid Luker: Bei der zweiten Flucht mit nur einem Mitgefangenen fand man Körperteile bei Pierce, sein Gefährte blieb verschwunden.

1829 gab es zwei hinreichend ausgetretene Fluchtwege, doch keinen weiteren Ausbruchsversuch. Im selben Jahr sank die Zahl der Peitschenhiebe um neunzig Prozent. Am 31. Mai des Jahres wurde der Arzt gefeuert und musste sich in Hobart vor Gericht verantworten. Hintergrund dieser Entwicklungen war ein Personalwechsel. Ein neuer Aufseher begann mit den Gefangenen Handel zu treiben, was das Miteinander spürbar verbesserte. Zugleich kam der schottische Schiffbauer David Hoy, der sich auf Teamführung verstand, auf die Insel. Er erhöhte die Lebensmittelrationen, motivierte mit Rum- und Tabakzuteilungen, schaffte körperliche Strafen ab und ersetzte sie durch praktische Ausbildung. Aus dem Höllenknast wurde die produktivste Werft Australiens. Bis 1833 bauten Gefangene, die nicht mehr fliehen wollten, hier sechsundneunzig Schiffe – bis hin zum Zweihundertfünfzigtonner. »Ein Häftling wollte einen Monat verlängern, um ein Schiff fertigzustellen«, erzählt Ingrid Luker. »Es zeigt, dass man mit Fairness, Würde und Respekt immer etwas Positives schaffen kann.«

Es war zu gut, um anzudauern. Der Gouverneur von Van-Diemens-Land beschloss, die Kolonie zu schließen und nach Port Arthur bei Hobart zu verlegen. Zehn Häftlinge waren so wenig begeistert, dass sie das letzte Schiff, die »Frederick«, hastig vollendeten und mit ihr sechzehntausend Kilometer nach Chile segelten. Es war die erfolgreichste Flucht in der Geschichte der Strafkolonie. Ein Jahr lang lebten alle in Freiheit, dann wurden vier gefasst und zurückgeschickt. Ihre Geschichte ist seit 1994 jeden Tag in Strahan als Zwei-Mann-Show der »Round Earth Theatre Company« auf der Bühne zu sehen – unter massiver Einbeziehung des Publikums, das nach und nach alle übrigen Rollen übernimmt. »The Ship That Never Was«, das Schiff, das es niemals gab, ist das am längsten dauerhaft gezeigte Stück des Kontinents. Als Kapitän Thompson seine »Spirit of the Wild« in den Hafen von Strahan zurücksteuert, ist es gerade Zeit, zur Freilichtbühne hinüberzugehen.

Beim Teufel

Bis zur Jahrtausendwende war der Beutelteufel in Tasmanien weit verbreitet. Seit eine Epidemie den Bestand dezimierte, ist er zuverlässig nur noch in Schutzzentren anzutreffen

Ein gellendes Kreischen ist zu hören, dann ein Fauchen und eigenartiges, meckerndes Lachen. Es sind Geräusche, die das Ohr nicht mit Menschen assoziiert. Aber auch nicht mit Tieren. Diesen infernalischen Lauten verdankt der Tasmanische Teufel, auch Beutelteufel genannt, seinen Namen. Auch sonst ist dieses größte noch existierende fleischfressende Beuteltier außergewöhnlich: Seine Zähne sind unbarmherzige Knochenbrecher. In kurzer Zeit kann er die Hälfte seines eigenen Gewichts verschlingen. Bei Erregungszuständen glühen seine dünn behaarten Ohren rot. All das ist im Schutzzentrum Devils @ Cradle zu erfahren und zu beobachten. Die kleinen schwarzen Tiere jagen einander im vierhundert Quadratmeter großen Gehege, bevor sie auf einem Baumstamm zur Ruhe kommen. Kurz.

Das am Rand des Nationalparks Cradle Mountain im Nordwesten Tasmaniens gelegene Schutzzentrum ist bis in den späten Abend geöffnet. Beutelteufel sind nachtaktiv, die Führung nach Einbruch der Dämmerung, bei der die Tiere auch gefüttert werden, ist die ereignisreichste. Besucher, die »Dine With the Devil« gebucht haben, müssen sich nicht damit begnügen, den Beutelteufeln bei ihrer eher brachialen Nahrungsaufnahme zuzusehen, sondern können sich mit Käse, Lachs und Oliven stärken, bevor sie sich mit dem in landestypischer Fürsorge bis annähernd unter den Rand aufgefüllten Weinglas auf den Weg durch die im uralten Regenwald gelegenen Tiergehege machen.

Für die Beutelteufel gibt es unterdessen Wallaby im Fell. Die Tierpfleger werfen die Leckerbissen in unterschiedliche Ecken. »Die Tiere sollen ihre Nase benutzen«, erklärt Wade Anthony, der Manager des Zentrums. Beutelteufel könnten nicht gut sehen, aber umso besser riechen. Als Aasfresser übten sie so in der Natur eine reinigende Funktion aus, erläutert Anthony. Sie seien aber zugleich als wenig wählerische Jäger bekannt, die von Insekten über Reptilien bis zu Wombats und Wallabys alles fressen, was sich bewegt. Dank dieser Vielseitigkeit kommen – oder kamen – sie in allen Landschaften Tasmaniens vor.

Im Schutzzentrum – einem von zweien in Tasmanien – werden als Teil eines Regierungsprogramms zur Rettung des Tasmanischen Teufels gesunde Tiere gezüchtet und auf die Auswilderung vorbereitet. Mit sechzig Tieren besitzt es eine Art genetisches Sicherheitsnetz für die Spezies. Denn die ansteckende, tödlich verlaufende Gesichtskrebserkrankung Devil Facial Tumor

Disease hat den Bestand des schwarzen Pelztiers mit dem weißen Streifen auf der Brust und vereinzelten weißen Flecken am Körper dramatisch reduziert. Seit er 1941 unter Schutz gestellt wurde, war Tasmanien für den Raubbeutler, der auf dem australischen Kontinent vermutlich infolge der Ankunft des Dingos ausstarb, ein sicheres Refugium. In den neunziger Jahren aber brach im Norden und Osten Tasmaniens die Epidemie aus, die den Bestand um achtzig bis neunzig Prozent reduziert hat. Eine Therapie wurde bislang nicht gefunden. Tatsächlich vermutet man, dass die Krankheit auch früher schon vorkam, aber mit weniger dramatischen Folgen. Umwelteinflüsse könnten das Immunsystem der Population geschwächt haben.

Auch die Übersichtlichkeit des Genpools war schon vor der Epidemie ein Problem; heute ist es ein gravierendes. In Tasmanien und in Zoos auf dem Kontinent leben insgesamt nur noch achthundert Tiere. Für die Artenschützer am Cradle Mountain ist dies kein Grund, nicht nach vorne zu blicken. »Unser Ziel ist, die Tiere auszuwildern«, erklärt Wade. Zwölf Monate dauert der Prozess, in dessen Verlauf die Tiere auch die Scheu vor Menschen entwickeln müssen. »Die meisten lassen wir auf Maria Island frei.« Die Insel vor der tasmanischen Südküste besaß bis zur Umsiedlung der ersten Beutelteufel aus dem Norden im Jahr 2012 keinen eigenen Bestand und somit auch keine infizierten Tiere.

Dass es in Tasmanien überhaupt noch diverse Raubbeutler gibt, ist der Abwesenheit des Dingos und, bis vor Kurzem, auch der des Fuchses zu verdanken. Die Einführung des Rotfuchses, der ebenfalls um die Jahrtausendwende illegal ausgesetzt wurde, war und ist für kleinere Tiere und auf dem Boden nistende Vögel verheerend. Unter den Beuteltieren hat vor allem der Tüpfelbeutelmarder zu leiden. Auch Exemplare dieser Art aus der Gattung der Raubbeutler mit dem Gesicht einer Maus und weißen Tupfen auf dem hellbraunen Fell sind im Schutzzentrum Devils @ Cradle zu finden, ebenso wie die größeren Fleckschwanzbeutelmarder. Somit sind die drei größten Raubbeutler Tasmaniens hier in sogenannten Rückversicherungspopulationen vertreten, die ihren Fortbestand garantieren sollen. Dem Tasmanischen Teufel wird zugetraut, sich gegen den eingewanderten Fuchs zu behaupten, ihn womöglich sogar verdrängen zu können. Allein, es fehlt die notwendige Population.

Für die meisten Urlauber liegt der Besuch beim Beutelteufel auf ihrem Weg zum Cradle Mountain, dem tausendfünfhundertfünfundvierzig Meter hohen Wahrzeichen des Nationalparks. Seine vier Gipfel erheben sich majestätisch über drei Seen. Die Landschaft ist mit uralten Bäumen wie der King-Billy-Kiefer im Hochland und der am Wasser wachsenden Huon-Kiefer seit Jahrtausenden kaum verändert – wenn man von dem Pfad, der sechs Kilometer um den Lake Dove führt, und den Wegen zu den Gipfeln absieht. Einzig die Fauna hat an Vielfalt verloren. Der Tüpfelbeutelmarder kommt nur noch auf Tasmanien vor; sein letzter Artgenosse auf dem australischen Festland wurde 1966 gesichtet. Sein Verwandter mit geflecktem Schwanz ist zwar auf dem Kontinent noch heimisch, doch gilt er ebenfalls als gefährdet. Die Seuche, die den Beutelteufel fast ausgerottet hat, zeigt, wie schnell auch ein gesunder Bestand dezimiert werden kann – vor allem in einem geografisch begrenzten Territorium, das keine Ausweichmöglichkeiten bietet.

Der auch als Beutelwolf oder Beuteltiger bekannte Tasmanische Tiger ist heute nur mehr in der Erinnerung der Tasmanier heimisch. Der 1956 geborene Bildhauer Greg Duncan hat ihm eines der drei Meter hohen Paneele seines noch unvollendeten Monumentalwerks »The Wall in the Wilderness« gewidmet. Die aus Holz geschnitzte Mauer hat die Geschichte des tasmanischen Hochlands zum Thema und ist in einem Holzbau von adäquater Länge am Rand der etwa auf halbem Weg zwischen West- und Ostküste gelegenen Kleinstadt Derwent Bridge ausgestellt.

Bei ihrer Fertigstellung wird »The Wall in the Wilderness« hundert Meter lang sein. Der Tiger ist hier auf seinem Paneel ausgestreckt wie eine Trophäe zu sehen. In einer Vitrine gegenüber ist das Gewehr aus dem 19. Jahrhundert zu sehen, das für den Tod zahlreicher Exemplare verantwortlich ist. Ein sehr altes, grobkörniges Foto zeigt einen 1869 erschossenen Beutelwolf. Greg Duncans Kunstwerk, das nur betrachten darf, wer sein Smartphone ausgeschaltet und unsichtbar verstaut hat, setzt auch dem ausgestorbenen Tasmanischen Emu ein Denkmal; Kängurus und Beutelteufel zeigt es an Autoreifen und vor Kühlerhauben.

Ein Kopfgeld bedeutete das Ende des Tasmanischen Tigers. Die Regierung setzte es 1830 auf ihn aus, um Schafe zu schützen, wiewohl man heute annimmt, dass die meisten verwilderten Hunden zum Opfer fielen. Das letzte Exemplar des Beutelwolfs soll 1936 im Zoo von Hobart gestorben sein, im selben Jahr, als er – mit fataler Verspätung – unter Schutz gestellt wurde. In den Köpfen der Tasmanier überlebte die Spezies jedoch deutlich länger. Noch in den siebziger Jahren des 20. Jahrhunderts wurde immer wieder von Sichtungen berichtet. Leider ist jedoch keine der Begegnungen dokumentiert. In Schilderungen ist von einem schlanken Tier mit Zebrastreifen auf dem Rücken die Rede. Gelegentlich sahen Autofahrer es vor sich auf der Straße auftauchen, doch verschwand es so schnell im Busch, dass sie im Nachhinein kaum sagen konnten, ob sie das Ganze nicht womöglich nur geträumt hatten. Es liegt im Wesen der Insel, dass in ihrer Wildnis noch immer vieles möglich scheint. Selbst wenn die Fakten dagegen sprechen.

Bei den Devils @ Cradle ergießt sich unterdessen ergiebiger Regen auf die Raubbeutler und ihre Gäste. Aus dem Gehege der Teufel ist immer wieder sein eigentümliches Kreischen zu hören. Die Besucher dürfen in die Aufzuchtstationen schauen, wo junge Raubbeutler von Hand aufgezogen werden, und unter Aufsicht ältere Exemplare streicheln. Auch ein Wombat wird auf dem Arm einer Tierpflegerin präsentiert. Wie eine überdimensionale Maus mit grauem Hamstergesicht sieht er aus und lässt sich gleichmütig streicheln. Dem beunruhigenden Wissen um den im Verhältnis zur Körpergröße stärksten Kiefer des Tierreichs zum Trotz kann niemand dem nächsten Tier widerstehen: Vorsichtig gleiten Hände über den schwarzen Rücken des Beutelteufels. Er hockt auf den Armen einer Tierpflegerin wie ein vertrauensvoller Säugling.

Die Koalaflüsterin

Mit zweiundzwanzig gründete Janine Duffy ein kleines Unternehmen, das ihr erlaubte, ihre ganze Zeit im Busch zu verbringen. Daraus entwickelte sich eine Lebensaufgabe

»Ich liebe wilde Tiere«, erklärt Janine Duffy und lächelt unter ihrem Ranger-Hut. Das war schon immer so; lange bevor sie 1993 mit ihrem Lebensgefährten Roger Smith die kleine Reiseagentur Echidna Walkabout gründete, und obwohl sie eigentlich von Haus aus Architektin ist. Dennoch war es für Janine und den gleichermaßen naturliebenden Roger nur logisch, ihre Leidenschaft für den australischen Busch und seine Bewohner zum Beruf zu machen – und zwar auf nachhaltige Weise.

Schnell gelang es ihnen, bei ihren Tagestouren ab Melbourne zu wilden Koalas und Kängurus nicht nur keinen ökologischen Fußabdruck zu hinterlassen, sondern vielmehr zum Natur- und Artenschutz beizutragen. Denn einerlei, ob ein Kunde eine Tagestour oder eine ganze Woche im Outback gebucht hat – einen Teil seiner Zeit in der Natur wird er mit dem Sammeln von Geisternetzen an Stränden, dem Zählen von Tieren oder dem Jäten eingeschleppter Pflanzen verbringen. Nicht weil das Pflicht wäre, sondern weil die meisten Menschen sehr schnell den Wunsch entwickeln, etwas für den Erhalt des Lebensraums wilder Tiere zu tun, wenn sie sich in deren Lebensraum befinden. Und weil das nur selten so einfach ist wie gleich hier, an Ort und Stelle. Das war und ist das Geschäftsmodell. Doch die Arbeit war für Janine und Roger von Anfang an viel mehr als bloßer Broterwerb.

1998 entwickelte Janine ein Verfahren, Koalas an ihrer Nase zu unterscheiden. Es war die Geburtsstunde eines Projekts zum Schutz der Beutelsäuger, das sich zur Lebensaufgabe entwickelte. Sie zeichnete die Gebiete auf, in denen die Tiere sich bewegten, und beobachtete Verhalten, Baumnutzung und die Wege von hundertacht Individuen in vier Gebieten im You-Yangs-Regional- und im Brisbane-Ranges-Nationalpark in Victoria.

Dabei stellte sie fest, dass der Bestand an Koalas schrumpfte. Es lag, so ihre Vermutung, vor allem am Boneseed. Der goldgelb blühende Strauch, der Botanikern als Chrysanthemoides monilifera bekannt ist, stammt aus Afrika, kann bis zu drei Meter hoch werden und hat in Australien eigentlich nichts zu suchen. In der Mitte des 19. Jahrhunderts fand er seinen Weg in die gepflegten Gärten von Kolonialvillen in Sydney und Melbourne. Später wurde die genügsame Pflanze, die auch in nährstoffarmen Böden prächtig gedeiht, gezielt eingesetzt, um Erosion von Böden zu verhindern – etwa in der südwestlich von Melbourne gelegenen You Yangs Range. Doch bald geriet sie völlig außer Kontrolle. 1976 hatte der Eindringling über vierhundert Hektar des Höhenzugs überwuchert, im Jahr 2003 waren es bereits tausenddreihundert Hektar – deutlich mehr als die Hälfte der Fläche des zweitausend Hektar großen You-Yangs-Regionalparks.

»Er überwucherte die Eukalyptusbäume. Wir haben über einen Zeitraum von zehn Jahren beobachtet, dass Koalas Bäume nicht nutzen, die von dichtem Boneseed umgeben sind«, erklärt Janine. Die Tiere verloren ihre Ernährungsgrundlage. Janine begann zu jäten, die Teilnehmer ihrer Touren beteiligten sich. »Die Büsche sind, vor allem, wenn sie noch klein sind, sehr leicht zu entfernen. Es war erstaunlich, jeder wollte sofort mitmachen.« Bald waren hundert Hektar von dem Eindringling befreit. Janine schätzt, dass ihre Kunden mittlerweile jedes Jahr fünfzigtausend Pflanzen entfernen – insgesamt bereits über eine Million.

Ihre Stiftung Koala Clancy Foundation hat seit 2014 zugleich viertausendfünfhundert Eukalyptusbäume gepflanzt. »Koalas brauchen auch Bäume rund um die Nationalparks. Viele unserer Gäste spenden einen Baum. Wenn sie wiederkommen, können wir ihnen die Bäume zeigen, die sie gestiftet haben, und meist sitzt ein Koala drin.« Solche Momente seien auch für die Gäste unbezahlbar. »Wir hören heute alle sehr viel darüber, was wir nicht machen können. Ich möchte den Menschen zeigen, was sie tun können, um die Natur zu schützen und zu erhalten.«

Eingeschleppte Pflanzen, immer längere und häufigere Dürreperioden und vor allem der Verlust des natürlichen Lebensraums sind gravierende, womöglich existenzielle Probleme für die Natur des Kontinents. Die Umweltschutzorganisation World Wildlife Fund macht die Ausbreitung der Landwirtschaft dafür verantwortlich, dass Koalas in einigen Regionen Australiens – etwa im benachbarten Bundesstaat New South Wales – heute vom Aussterben bedroht sind. Denn für die Landwirtschaft würden auch jene Eukalyptusarten abgeholzt, von deren Blättern und Früchten sich Koalas ernähren. In Victoria ist die Situation nicht so weit fortgeschritten, doch nimmt der Bestand auch hier ab. Tatsächlich schätzte die Organisation den Bestand an Koalas im ganzen Land im Jahr 2018 auf nur noch hunderttausend.

Nach den verheerenden Buschfeuern zum Jahreswechsel 2019/2020 hat sich die Situation allerdings verschärft – wie dramatisch, ist noch nicht abzusehen. »Kein Geld der Welt und keine menschliche Bemühung kann eine vom Klimawandel verursachte Feuersbrunst in Wäldern stoppen, in denen es achtzehn Monate lang nicht geregnet hat«, sagt Janine. Aber man könne trotzdem etwas tun: Bäume pflanzen. »Wenn wir überall Bäume pflanzen, wird es immer Bereiche geben, die nicht betroffen sind. Koalas werden schnell in neuen Gebieten heimisch, auch auf Bäumen, die erst vier Jahre alt sind.«

Janine Duffy, die während der Brände immer wieder in die Schutzgebiete fuhr, um junge Koalas mit Wasser zu besprühen und zu kühlen, versucht auch die jüngsten Entwicklungen als Ansporn zu begreifen, noch mehr für die Tiere zu tun und die Art zu erhalten. Nicht umsonst hat sie ihre Agentur nach dem Echidna benannt. Der Ameisenigel, so der deutsche Name des Echidna, hat als eines der ältesten Säugetiere der Welt – dass er wie das Schnabeltier Eier legt, ist als eine der Eigenarten der australischen Fauna zu akzeptieren – in den vergangenen zehn, womöglich sogar fünfzehn Millionen Jahren dramatische Veränderungen erfahren und überlebt.

Echidna Walkabout ist ein Anbieter touristischer Touren für kleine Gruppen geblieben, allerdings einer mit dazugehöriger Artenschutzorganisation und eigener Forschungsstation, deren Erkenntnisse regelmäßig an Nationalparks und andere Naturschutzeinrichtungen weitergegeben werden. Der Ehrgeiz der kleinen Firma ist größer denn je. »Unsere Mission ist, die Zukunft australischer Tiere in freier Wildnis zu sichern«, so Janine. Dabei verlasse sie sich nicht nur auf eigene Beobachtungen und Maßnahmen. Sie arbeitet mit den Wathaurong zusammen, den Ureinwohnern der Region, aber auch mit denen anderer Landesteile, in denen sie Touren anbieten. »Sie sind Mentoren, von denen wir lernen«, sagt Janine.

Doch weder sie noch Roger versuchen, den Gästen die Kultur der Ureinwohner zu erklären. Das macht bei Echidna Walkabout nur Aborigines.

Wenn der Hammerhai schläft

Sonne, Sand und Songlines: Auf dem Ngaro Sea Trail folgen Segler den Spuren der Ureinwohner der Whitsunday Islands

Nur ein Segelboot liegt im Nara Inlet, einem schmalen Fjord, der tief in die Landmasse von Hook Island ragt. Vom Wasser aus scheint es, als wäre die Insel, ein Teil des Whitsunday-Nationalparks, noch unentdeckt: Dichtes Gestrüpp erhebt sich über einem einsamen kleinen Strand, es gibt keine sichtbaren Hinweise auf Leben. Dennoch ist im Navigationsatlas, der Skipper John Allison mit seiner »Serendipity« den Weg durch die Inselwelt vor der Küste Queenslands weist, lakonisch vermerkt: »Diese Bucht wurde früher Shark Bay genannt; wahrscheinlich weil Hammerhaie hier ihre Jagdgründe haben. Nara Inlet ist also vermutlich nicht der beste Ort zum Baden.«

Nein, vermutlich nicht. Die tropischen Traumlandschaften der australischen Nordostküste sind für Europäer eben selten ganz unbeschwert zu genießen. Ganzkörperanzüge schützen Schwimmer und Schnorchler vor tödlich giftigen Quallen, die zwischen Oktober und Mai in vielen Küstengewässern auftreten. Die Schreckensmeldungen von weißen Haien und ihren gelegentlichen Gräueltaten stammen immerhin aus südlicheren

Regionen, wo das Wasser deutlich kälter ist. Dafür kommen hier neben harmlosen Riffhaien auch Bullen- und Hammerhaie vor. Anscheinend aber wissen die, wo sich die Grenzen ihrer Reviere befinden, weshalb in der nächsten Bucht schon wieder alles anders aussehen mag. Dennoch macht Australiens eindrucksvolle Tierwelt es Uneingeweihten oftmals schwer, solchen Faustregeln zu trauen. Einheimische hingegen neigen nicht selten zu Sorglosigkeit.

Als wir am Ufer mit den Schuhen in der Hand aus dem Schlauchboot steigen, bleibt John am Strand stehen. Ein Paar schwimmt zu seinem Segelboot zurück, alle Warnungen vor der Meeresfauna glücklich ignorierend. Unser Skipper folgt ihnen mit den Augen und wendet sich erst ab, als die beiden ihr Boot sicher erreicht haben. John schüttelt ein wenig den Kopf und weist dann auf einen Pfad, der ins Gebüsch führt. Steil geht es bergan. Es sind nur hundertsiebzig Meter bis zu unserem Ziel: einer Höhle mit uralten Zeichnungen der Ngaro, des ältesten Aboriginesvolks Queenslands und einzigen Seevolks Australiens. Doch die Hitze macht jeden Schritt zur Anstrengung. Erschöpft starren wir auf die Zeichnungen der Ngaro, die seit neuntausend Jahren die Whitsunday Islands durchstreiften. Einige der Felsmalereien sind fast verblasst, andere leuchten, als wären sie eben erst angefertigt worden. Doch die Farben und Muster wurden im Lauf vieler Jahrhunderte übereinander aufgetragen. Mehr als zweitausenddreihundert Jahre lang bot die Höhle Schutz; noch immer ist sie ein heiliger Ort. Die hundertfünfzig Jahre alten Glasscherben und Nägel weißer Händler, die hier gefunden wurden, lassen die Geschichte des weißen Australiens dagegen kurz wie einen Wimpernschlag erscheinen.

Einst lag die Höhle an der Küste des ostaustralischen Festlands. Als der Meeresspiegel vor sechstausend Jahren infolge von Erderwärmung anstieg und eine Insellandschaft entstand, die noch heute aussieht wie grüne Bergkuppen, die aus dem Wasser ragen, passten die Ngaro sich an die neuen Lebensbedingungen an. Mit Booten verkehrten sie fortan zwischen den Inseln, jagten größere Fische und mussten sich dabei auch mit Haien auseinandersetzen. Ihre Routen und heiligen Stätten auf Hook, Whitsunday und South Molle Island verbindet seit einigen Jahren der Wasserwanderweg Ngaro Sea Trail. Er soll ein Erbe in Erinnerung rufen, das von der Kolonialgeschichte überlagert wurde und unter dem Eindruck der verführerischen Schönheit dieser Inselwelt auch heute noch leicht vergessen wird. Urlauber können beim Inselhüpfen mit Kanu oder Segelboot auf unterschiedlich langen, gleichermaßen informativ beschilderten Wanderwegen Routen und Stätten der Ngaro erkunden – und folgen dabei auch den unsichtbaren Wegen, den Songlines, die eine gedachte und gesungene Karte des Landes bilden.

So lassen sich Segeln, Wandern und ein wenig

Landeskunde in schönster Weise verbinden. Sogar die Seekrankheit hält sich in Grenzen. Denn das Great Barrier Reef schützt die vierundsiebzig Inseln des Archipels vor der Wucht des Ozeans, ihre Gewässer sind frei von schweren Wellen und gefährlichen Strömungen. Wirklich erkunden kann die im Zentrum des Great Barrier Reef gelegenen Whitsunday-Inseln ohnehin nur, wer seine eigene Unterkunft bei sich hat. Denn die meisten der Inseln sind unbewohnt. Und so sind wir auf Umwegen unterwegs von Hayman Island nach Hamilton: von der Resortinsel, die wintermüden Europäern mit den Rufen von Kakadus und türkisfarben leuchtendem Meer, aus dem bisweilen Schildkrötenköpfe schauen, geradezu irreal erscheinen mag, zum lebhaften Mittelpunkt der Inselgruppe, immer entlang des Ngaro Sea Trails.

Die Ankunft der weißen Besucher, die Cook folgen sollten, bedeutete für die Ureinwohner trotz eines anfänglich interessant erscheinenden Tauschhandels bald Zwangsmissionierung, Verschleppung und Tod. Ab 1861 konnten sie ihren traditionellen Wegen nicht mehr folgen, da Zäune von Siedlern sie versperrten. Die Nachfahren der überlebenden Ngaro sind heute auf dem Festland heimisch. Ihre Stimmen tönen aus Lautsprechern, deren Existenz mitten in der Wildnis – nur auf dem Seeweg ist die Höhle erreichbar, das einzige Resort auf Hook Island befindet sich am gegenüberliegenden Ende der dreiundfünfzig

Quadratkilometer großen Insel – kaum weniger überraschend ist, als einstmals die Ankunft weißer Seefahrer gewirkt haben mag. Auf Knopfdruck erzählen sie von einer Kultur, die so fremd wie faszinierend ist. Das Leben auf den Hitze flirrenden, wasserarmen Inseln würde Ungeübten ohne Vorräte und Ausrüstung auch heute schnell massive Probleme bereiten. Für die Ureinwohner hingegen bedeuteten der Fischreichtum und ihre Fähigkeit, giftige Früchte so zu verarbeiten, dass sie genießbar wurden, ein Leben im Überfluss.

Als wir die Westküste von Whitsunday Island erreichen und vor dem Sawmill Beach ankern, liegt bereits eine Handvoll Boote im Naturhafen Cid Harbour. Am Strand zwängen sich drei Frauen in Schutzanzüge, die nur das Gesicht frei lassen. Die exponierte Körperfläche ist so klein, dass sie sich im Ernstfall recht gut behandeln ließe. Und überhaupt, so erinnern wir uns, ist ja derzeit nur jene Quallenart unterwegs, deren Berührung zu zwar schmerzhaften, aber nicht tödlichen Reaktionen führt. Im Gebüsch, wo ein Schild den vierstündigen Wanderweg zum Whitsunday Peak erklärt, bewegt sich gemächlich ein eineinhalb Meter langes Echsentier ins Unterholz. Vom Strand ist das Zischen sich öffnender Bierdosen zu hören.

Dann kommen die *midges:* kleine, blutdurstige Mücken, die sich unverzüglich über uns hermachen. »Irgendein Tier versucht in Australien eben immer, einen zu fressen«, erklärt John ungerührt und sucht am Strand zwischen den identisch aussehenden Schlauchbooten der anderen Landausflügler nach dem richtigen. Zurück an Bord gibt es kalten Sauvignon blanc zum Sonnenuntergang, bevor wir den Gasgrill anwerfen, um Steaks und Schalentiere zu garen. Am Himmel funkeln fremde Sternbilder. Wir suchen Orion und das Kreuz des Südens und wünschen, es könnten noch viele Abende so verstreichen. John erzählt aus seinem Leben: wie er vor über zwanzig Jahren seine Heimat südlich von Sydney verließ, um im tropischen Queensland zu leben. Wie er sich, obwohl gelernter Elektroingenieur, fünf Jahre lang auf Hamilton Island als Skipper verdingte, und wie er mit seiner Frau dann nach Brisbane ging, um in der Nähe von Tochter und Sohn zu sein. Heute genießt er den von gelegentlichen Segelturns unterbrochenen Ruhestand und ist zugleich ein typisches Beispiel dafür, dass sich australische Biografien eher durch Wechsel als durch Konstanz definieren.

Nach einer Nacht in engen Kojen und unter berückendem Sternenhimmel setzen wir früh am Morgen über. Die teuflischen Mücken sind verschwunden, dafür hat die Flut den Zugang zum Wanderweg verschluckt. Über Steine balancierend und tief hängenden Ästen ausweichend folgen wir dem Ngaro-Trail zum Dugong Beach. Im flachen Wasser wächst Seegras, das Seekühe schätzen. Deshalb sollen hier außer Wasserschildkröten gelegentlich auch diese großen, harmlosen

Meeresbewohner auftauchen. Nur jetzt leider nicht. Aber auch kein Mensch ist zu sehen. Kristallklar kräuselt sich das Wasser. Es ist schwer vorstellbar, dass sich am anderen Ende der Insel mit dem Whitehaven Beach ein Strand befindet, der aufgrund seiner puderzuckrigen Schönheit von örtlichen Tourismusexperten als Nummer vier in einer Weltrangliste für Heiratsanträge gehandelt wird – nach Orten wie dem Pariser Eiffelturm, Pferdekutschen im Central Park und venezianischen Gondeln. Wie die nebulöse Statistik erhoben wird, ist unbekannt. Jedenfalls ist der sieben Kilometer lange Strand gut besucht, und nicht nur von heiratswilligen Paaren.

Am Dugong Beach ist der Sand nicht weiß und fein, sondern golden und von Muschelsplittern durchsetzt. Dennoch besitzt diese kleine Bucht ihren eigenen Zauber: scheinbar fern der Welt, als wäre die noch unentdeckt.

Die Unendlichkeit von Zeit und Raum

*Australiens Herz schlägt in der Mitte: Die Wiege
des Kontinents liegt im Outback, wo außer grandioser
Natur einige der ältesten Fossilien der Welt zu
sehen sind*

Zum Degustationsmenü mit Weinprobe haben sich im Redearth Boutique Hotel elf Männer und zwei Frauen eingefunden. Wie bei einer Hochzeit sitzen sie an u-förmig angeordneten Tischreihen. Die Stimmung ist gelöst; zwischen den Weinen trinkt man Bier aus Flaschen. Nach dem zweiten Gang – Riffkabeljau von der tausend Kilometer entfernten Küste in Buttersauce und wilder Zitrone – häufen sich in den Erläuterungen des Küchenchefs die adverbialen *fuckings*, mit denen er seine Sätze dekoriert. Neben den kulinarischen Möglichkeiten seiner Heimat demonstriert er auch die robuste Leichtigkeit des landestypischen Humors: Auf die Bitte, lauter zu sprechen, rät er, die Hörgeräte aufzudrehen. Es ist Freitagabend in Mount Isa.

Tausend Minenarbeiter werden hier jeden Tag ein- und ausgeflogen – Kosten spielen in einer der profitabelsten Minen des Landes, wenn nicht der Welt, eine untergeordnete Rolle. Sowieso verfügt jede Abbaustelle im Hinterland außer über stark heruntergekühlte Häuser wie selbstverständlich über die eigene Rollbahn. In Mount Isa, mit wenig mehr als zwanzigtausend Einwohnern gewissermaßen eine Metropole im Outback des nordöstlichen Australiens, gibt es zudem Hotels, Restaurants, Geschäfte, ein Paläontologisches Museum und ein Stadion, in dem sich zum alljährlichen Rodeo im August über fünfundzwanzigtausend Menschen versammeln. Es gibt eine School of the Air, die früher per Post und Funk und heute vor allem per Internet jene Kinder unterrichtet, die auf entlegenen Rinderfarmen leben – immerhin knapp dreihundert Jungen und Mädchen. Außerdem ist Mount Isa ein Hauptquartier des Royal Flying Doctor Service, der ärztliche Hilfe in den Busch bringt. Die Fläche der Stadt ist größer als die der Schweiz. Nur an einem herrscht Mangel: Frauen.

Das Geschlechterverhältnis beträgt fünf zu eins. Die Gründe dafür sind im Berufsbild des Minenarbeiters zu suchen. Die Arbeit der Bergleute ist alles andere als komfortabel. Immerhin verdienen sie aber selbst als ungelernte Kräfte in den Kupfer- und Zinkminen der Stadt außerordentlich gut. Auch so argumentierte früh im dritten Jahrtausend Mount Isas Bürgermeister, als er in einem öffentlichen Aufruf Frauen für den Umzug in sein Städtchen voller begüterter männlicher Singles zu begeistern suchte. Zumindest als PR-Coup war die Aktion, die die Bergbaustadt mit einem Schlag auf der ganzen Welt bekannt machte, ein voller Erfolg.

Trotzdem sind die meisten Frauen, die die Stadtgrenze überqueren, Urlauberinnen. Die Infrastruktur macht Mount Isa zum idealen Ausgangspunkt für Touren in die endlose Weite und glühende Hitze des Outbacks. Wenn das Thermometer an milden Frühlingstagen morgens um zehn Uhr fünfunddreißig Grad anzeigt, kann man sich hier in klimatisierten Räumen auf das Leben draußen im Outback vorbereiten. Außerdem bietet das Riversleigh Fossil Centre den theoretischen Unterbau für den Besuch einer der bedeutendsten prähistorischen Fundstätten der Welt, die dreihundertvierzig Kilometer nördlich, nach den örtlichen Maßstäben also quasi am Stadtrand im Boodjamulla Lawn Hill National Park liegt: ein zehntausend Hektar großes, Riversleigh genanntes Gelände im Nordwesten Queenslands.

In den siebziger Jahren wurden dort Fossilien gefunden, denen sich ein Großteil der heutigen Kenntnisse über die Evolution australischer Säugetiere verdankt. »Das meiste wurde binnen einer Stunde ausgegraben«, erklärt Paläontologe John Scanlon vom Riversleigh Fossil Centre in Mount Isa und schüttelt den Kopf über dieses unverschämte, maßlose Glück.

Zwischen zwanzigtausend und fünfundzwanzig Millionen Jahre alt sind die Knochen der prähistorischen Kreaturen, die auf dem Gelände der Farm Riversleigh gefunden wurden – die ältesten stammen aus einer Zeit, als der ganze Kontinent mit Regenwald bedeckt und überall sonst auf der Welt sehr wenig los war. »Es braucht Blut, Schweiß und einen glücklichen Zufall, um diese

Fenster in die Vergangenheit zu öffnen«, erklärt Scanlon, der zu Vergleichszwecken gelegentlich *roadkill* von der Straße kratzt – die Überreste im Straßenverkehr zu Tode gekommener Wildtiere.

Er zeigt den Besuchern des kleinen Museums, wie er uralte Gesteinsbrocken in Essigsäure einlegt. Nach einigen Wochen schauen isolierte Knochen hervor. Er hantiert mit Kästchen, in denen Zähne von Krokodilen rascheln. Dass wenig große Knochen in Riversleigh gefunden wurden, liege an der Aktivität von Krokodilen, erklärt er. An der belebten Lagune wurden viele Tiere Opfer der gefährlichen Echsen. Die Knochen zerfetzter Riesenkängurus und urzeitlicher Koalas wurden von nachfolgenden Generationen zertrampelt.

Heute ist Riversleigh trockenes Land. Die Fahrt über den Barkly Highway, der Mount Isa mit Camooweal im Norden des Landes verbindet, führt vorbei an roter Erde, silbrigen Grasbüscheln und hohen Termitenhügeln. Alle paar Kilometer liegen die Überreste eines Kängurus auf der Straße. Die gewaltigsten *road trains*, bis zu fünfzig Meter lange Transporter, dürfen erst ab achtzehn Uhr fahren – gerade dann werden aber auch die Tiere, die die Hitze des Tages im schattigen Gebüsch verstreichen lassen, aktiv.

Der Barkly Highway wurde während des Zweiten Weltkriegs als Teil einer inneren Verteidigungslinie angelegt. Als der Krieg sich in den Pazifik auszubreiten begann, schienen Kampfhandlungen in Australien nicht mehr undenkbar. Zum Dank dafür, dass man mit der Straße das Land der Kalkadoon zerschnitt, ließ man sie an den Bauarbeiten teilnehmen. Kleinlaut beteuert ein Schild, die Kalkadoon hätten das Gelände des Rastplatzes, auf dem ein Denkmal für den Straßenbau errichtet und ein Stück der hügeligen Originalfahrbahn erhalten ist, großzügig zur Verfügung gestellt.

Schließlich zweigt eine Schotterpiste ab, das Land wird flacher, die Bäume weniger. Ein Leguan kriecht im Schneckentempo über die Fahrbahn. Ein Wildorangenbaum, mit Früchten beladen, steht am Wegrand. Drei Emus und ein paar wilde Pferde sind die einzigen Begegnungen, während der Staub durch die Lüftung des Autos dringt und sich zwischen die Zähne und unter die Kleidung setzt. Die Straße führt durch den Seymour River, der seit acht Monaten ausgetrocknet liegt, und durch den O'Shannassy River, eine Oase, über der Kakadus mit roten Schwanzfedern durch im Wind raschelnde Eukalyptusbäume flattern.

Dann ist Riversleigh erreicht. Links und rechts der Straße reicht der Busch bis zum Horizont. Ein Parkplatz und ein Schild weisen darauf hin, dass der Hügel dahinter – die einzige Erhebung auf Kilometer – eine der wesentlichen Attraktionen Queenslands jenseits der Küste ist. Mit Fossilien ist er buchstäblich übersät. Die Umrisse einer großen Schildkröte mag man in den auf dem Boden liegenden Gesteinsbrocken erkennen; dass zu den zweihundert hier gefundenen Arten auch Pythons, fleischfressende Kängurus, riesige Beuteltiere und dreizehn Krokodilarten – heute gibt es noch zwei – zählen, glaubt man dem *guide* gerne, wenn man dafür noch ein wenig länger im Schatten des mit den Darstellungen von Urzeittieren dekorierten Besucherzentrums verweilen darf.

Die Sonne brennt so heiß vom Himmel, dass der Spaziergang auf den bescheidenen Hügel sich ausnimmt wie die Besteigung eines Dreitausenders. Der *guide* weist auf allerhand Formen und Umrisse hin, die sich keiner Spezies zuordnen lassen; aufgelesen und identifiziert wurden nur Zähne, Kiefer und Schädel. Seine Zuhörer schleppen sich zwischen Gestrüpp bergan und betrachten oben ein Land, so weit wie die Zeit. Neben der Straße wird eine Rinderherde vorbeigetrieben; zweitausend Kühe ziehen in Begleitung berittener Hirten und eines Lasters vorbei, der erschöpfte Kälber fährt und frische Pferde bringt. Bevor Riversleigh zum Synonym für vorzeitliche Knochen wurde, war es schließlich schon der Name einer in der Nähe gelegenen Rinderfarm.

Das in der Nähe am Rand des Boodjamulla-Nationalparks gelegene Camp Adels Grove verdankt seinen Namen den Initialen eines Botanikers aus den Anden. Albert de Lestang legte 1920 – drei Jahre, bevor in Mount Isa Zink und Eisenerz entdeckt wurden – eine Gärtnerei an und gab somit ein schönes Beispiel für echten Picniergeist. Er kultivierte tausend exotische Pflanzenarten. Sein gesellschaftliches Leben beschränkte sich auf den Austausch mit Angehörigen des seit siebzehntausend Jahren hier heimischen Volkes der Waanyi, die gelegentlich am Lawn Hill Creek lagerten. Von Adels Grove belieferte Lestang Parks in der ganzen Welt, bis sein Garten, sein Haus und seine Aufzeichnungen 1950 einem Feuer zum Opfer fielen.

Heute ist Adels Grove ein Campingplatz, der außer über fest installierte Zelte, kleine Hütten und ein Restaurant sogar über eine eigene Landebahn verfügt. Einzig die Mahnung, man möge die Toilettendeckel schließen, »um die Frösche draußen zu halten und jene, die hereinkommen würden, um die Frösche zu essen«, vermag Besucher hier zu erschüttern.

Doch einerlei, wie groß die Angst vor springenden Spinnen, tödlichen Giftschlangen und dem ganzen anderen überaus lebendigen Viehzeug im Busch sein mag: Nur wenig auf der Welt ist so magisch wie ein Morgen in der Wildnis des Outbacks. Lange vor sechs Uhr scheint die Sonne. Kakadus brüllen, Sittiche flattern in Baumwipfeln. An Schlaf ist bei solchem Lärm überhaupt nicht zu denken. Eher schon an eine Kanutour auf dem Lawn Hill Creek. Links und rechts des Flusses erheben sich steile rote Felswände. Blühende Seerosen liegen wie ein Teppich auf dem Wasser. Im grünen Dickicht des Ufers verschwindet ein kleines Krokodil.

Das Paradies ist auf Sand gebaut

Fraser Island ist die größte Sandinsel der Welt, vereint zugleich die unterschiedlichsten Landschaften – und ist ein Rückzugsort für den australischen Dingo

Es ist Ebbe, der Strand ist breit. In einer Reifenspur liegt ein Dingo. Sehr fotogen hat er sich hingestreckt, während Austernfischer am Spülsaum landen und nur ein Stückchen weiter Camper ihre Hausarbeit verrichten. Ihre Müllstation ist eingezäunt, damit keiner seiner Artgenossen auf die Idee kommt, in den Behältern oder in ihrer Nachbarschaft nach Müll zu suchen.

Fraser Island ist einer der wenigen Orte auf der Welt, an dem Camper und Dingos oft nur Meter trennen – und der einzige, an dem Wüste und Regenwald ebenso nahe beieinander liegen. Die größte Sandinsel der Erde verfügt außer über diese so gegensätzlichen Vegetationszonen auch über Wald, Sümpfe, Mangroven, Flüsse, fast zweihundert Süßwasserseen und eindrucksvolle Dünen. Mit einer Geschwindigkeit von einem halben bis zwei Metern pro Jahr spazieren sie über die Insel, weiß unser *guide* Peter Meyer. Und als wäre das nicht alles schon erstaunlich genug, verfügt Fraser mit dem Seventyfive Mile Beach auch noch über einen hundertsechsundzwanzig Kilometer langen Strand. Sand ist auf Fraser eben überall:

in den Augen, im Haar, in der Kleidung und in bis zu hundert Metern Tiefe. Er erstreckt sich vom Breaksea Spit an der Nordspitze der Insel bis zu ihrem südlichen Ende am Hook Point. Bei Flut allerdings verschwinden große Teile von ihm. Bei Ebbe wird er als Straße genutzt und als Piste für kleinmotorige Flugzeuge. Und australische Dingos kommen hier ebenso vor wie achtzehn Schlangenarten.

Respektvoll fotografieren wir das ockerfarbene, friedfertig wirkende Tier vom Geländewagen aus. Dingos mögen aussehen wie Haushunde, doch zahm sind sie nicht. Im Gegenteil, Angriffe kommen immer wieder vor. Einer der berüchtigtsten begab sich 1980 am Uluru. Die Geschichte des Ehepaars, dessen Baby abends von einem Dingo aus dem Zelt der Familie geschleppt und getötet und das später wegen Mordes und Beihilfe zum Mord an der eigenen Tochter verurteilt wurde, ist ebenso fesselnd wie verstörend mit Meryl Streep als Mutter verfilmt worden. Erst als Polizisten vier Jahre später bei der Suche nach einer anderen Vermissten in einer Dingohöhle ein Stück der Jacke des Babys fanden, erwies sich die Unschuld der Eltern. Dabei waren Angriffe dieser Art nicht völlig unbekannt; aus dem Jahr 1961 war bereits ein Fall überliefert, in dem ein Dingo ein Kind verschleppt und getötet hatte. »Ein Schrei in der Dunkelheit« heißt der auf realen Geschehnissen beruhende Film, und wer ihn gesehen hat, mag es schwer finden, dem Dingo unvoreingenommen gegenüberzutreten. Auch hier haben Dingos schon Menschen getötet: Auf Fraser Island kam 2001 ein neunjähriges Kind bei einem Angriff von Dingos ums Leben.

Da steht nun der Artgenosse, der vermutlich selbst nichts zur belasteten Beziehung zwischen Mensch und Dingo beigetragen hat, und *guide* Peter behauptet sogar, dass das Raubtier einiges mit uns Menschen verbindet: Es sei vielseitig im Fressverhalten, lebe meist in sozialen Gruppen und sei recht intelligent. Trotzdem ist sein Status ambivalent; einerseits gilt die Art als gefährdet und somit schutzbedürftig, andererseits wird sie mit Unwillen betrachtet. Nicht nur weil Dingos gelegentlich Menschen angreifen, sondern weil sie in Schaf- und Rinderherden Verheerungen anrichten können. Auf Fraser Island gibt es keine Landwirtschaft, die solche Konflikte befördern würde. Aber, so Peter: »Wenn ein Raubtier in der Nähe von Menschen lebt, gibt es immer Probleme.«

Im Bundesstaat Queensland, zu dem Fraser Island gehört, sind Dingos und Dingomischlinge nur innerhalb von Schutzgebieten unantastbar. Mehr als siebzigtausend Hektar der Insel stehen schon seit den siebziger Jahren unter Schutz, 1992 erklärte die UNESCO die Insel außerdem zum Weltnaturerbe. Die Population auf Fraser, das in der Sprache der Ureinwohner »Paradies« heißt, hat sich aufgrund der geografischen Isolation wenig mit Hunden gemischt und gilt als sehr ursprünglich – und somit auch als besonders schützenswert. Allerdings gibt es durch Touristen wie uns auch viele Berührungspunkte zwischen Mensch und Tier, wodurch es zu mehr Angriffen kommen kann. »Wenn die Tiere ihre Scheu vor dem Menschen verlieren, wird es ungemütlich«, sagt Peter und startet den Wagen.

Von Haus aus Ökologe und Biochemiker, arbeitet er seit vielen Jahren als *guide* und Naturfotograf auf der Insel. Tatsächlich ist er ihr verfallen, seit er 1995 von Brisbane hierherkam. »Ich kann kein anderes Wasser mehr trinken als das von dieser Insel«, erklärt er. Dass er hier einst bei einem Unfall einen Zeh verlor, sieht er heute gelassen. »Egal wohin ich gehe auf der Welt, ein Teil von mir ist immer auf Fraser Island.« Dank seiner Leidenschaft für die außergewöhnliche Insel hat er einen Bildband veröffentlicht, seine eigene Fotogalerie eröffnet und diverse Fernsehteams aus der ganzen Welt bei Dokumentationen und Dreharbeiten beraten. Peter kennt auf der Insel jeden Baum – und jedes Schiffswrack.

Das Wrack der 1935 vor Fraser auf Grund gelaufenen »Maheno« liegt noch immer auf dem Sand und erinnert daran, wie tückisch die Gewässer sein können. Es ist das sichtbarste, aber längst nicht das einzige. Mehr als fünfzig Wracks liegen vor der Küste. Strömungen und Stürme sind aber nicht die einzigen Gefahren. »Man hört viele Geschichten«, sagt Peter mit einem Grinsen. Zum Beispiel die von dem sechs Meter langen

Tigerhai, den ein Brecher hier auf den Strand geworfen haben soll. Irgendwann. Tatsächlich sind Haie hier keine Seltenheit, weshalb der unendliche Traumstrand sich nicht zum Baden anbietet; vielmehr gilt das Schwimmen im Meer hier schon wegen der Strömungen als lebensgefährlich. Nachdenklich betrachten wir ein Paar, das am Strand steht und seinen drei Kindern beim Planschen in der Brandung zuschaut. »Wahrscheinlich Einheimische«, meint Peter. »Australier neigen zur Blasiertheit, wenn es um die Gefahren des Wassers geht.«

Begegnungen mit der Meeresfauna sind indessen auch trockenen Fußes möglich. Peter steuert den Jeep zum Aussichtspunkt Indian Head. Hier segelte James Cook mit der »Endeavour« vorbei und bemerkte beim Blick durchs Fernrohr Menschen auf der Erhebung. Wir schauen von oben hinab und sehen unter uns die Silhouetten von Stachelrochen und kurz darauf einen Hai durchs Wasser gleiten. Nördlich von Indian Head bieten »Champagnerpools« genannte Felsenbecken sogar sichere Badeplätze.

Auch die Seen der Insel sind ruhig und von geradezu überirdischer Schönheit. Weicher weißer Kristallsand und türkisfarben und blau leuchtendes Wasser machen den Lake McKenzie zum reinsten Postkartenidyll. Sein Wasser ist kristallklar und hat Trinkwasserqualität. Verunreinigung entsteht aber durch Sonnencremes Badender, weshalb überlegt wird, das Baden in allen

Seen Frasers zu verbieten. Drei Schildkrötenarten leben hier, aber nur wenige Fische. Menschen sind heute nicht zu sehen.

Tatsächlich gibt es auf Fraser Island Gegenden, die aussehen, als wäre die Insel mit nicht mal zweihundert Bewohnern noch völlig unentdeckt. Das ist vielleicht der größte Reiz der Insel, die kaum ein Urlauber bei einer Reise durch den Osten Australiens auslässt. Peter weiß, dass ihre allerschönsten Strände an der Westküste liegen: der sechseinhalb Kilometer lange Strand in der Platypus Bay etwa, der schwer zu erreichen und entsprechend unberührt ist. Einmal verbrachte er zehn Tage damit, die Bucht zu fotografieren und bei Sonnenuntergang Delfine und Schildkröten zu beobachten. »In der ganzen Zeit«, erinnert er sich, »habe ich nicht mehr als ein Dutzend Menschen gesehen.«